Herbert Schreiber
Karl-Ernst Sommerfeldt
Günter Starke

Deutsche Adjektive

Wortfelder für den Sprachunterricht

LANGENSCHEIDT · VERLAG ENZYKLOPÄDIE
Leipzig · Berlin · München · Wien · Zürich · New York

Auflage:	4.	3.	2.	Letzte Zahl
Jahr:	1996	95	94	maßgeblich

© 1991 Langenscheidt · Verlag Enzyklopädie Leipzig, Berlin, München
Druck: Interdruck Leipzig GmbH
Printed in Germany
ISBN 3-324-00594-9

Inhaltsverzeichnis

Wortfelder deutscher Adjektive. Zur Einführung 5

Abkürzungen und Zeichen 10

Beschreibung der Adjektive und Aufgaben 11

    Ähnlichkeit und Verschiedenheit 11
    Abhängigkeitsbeziehungen zwischen Menschen 21
    Verwandtschaft und Bekanntschaft 29
    Menschliche Verhaltensweisen 38
    Physische und psychische Zustände der Menschen 60
    Wertung 71
    Vorteil/Nachteil für den Menschen 78
    Gefühle 88
    Erkenntniseinstellungen 99
    Voraussetzungen des Menschen zum Handeln 108

Lösungen zu den Übungen 132

    Ähnlichkeit und Verschiedenheit 132
    Abhängigkeitsbeziehungen zwischen Menschen 133
    Verwandtschaft und Bekanntschaft 133
    Menschliche Verhaltensweisen 134
    Physische und psychische Zustände der Menschen 135
    Wertung 136
    Vorteil/Nachteil für den Menschen 136
    Gefühle 136
    Erkenntniseinstellungen 137
    Voraussetzungen des Menschen zum Handeln 137

Register 139

Literaturverzeichnis 143

Wortfelder deutscher Adjektive

Zur Einführung

Diese Publikation knüpft an die „Deutschen Wortfelder für den Sprachunterricht. Verbgruppen" (Leipzig 1990) an. Ausgewählt wurden diesmal Bedeutungsgruppen zwei- und dreiwertiger deutscher Adjektive.

Adjektive bezeichnen Merkmale, die unterschiedlichen Erscheinungen der Wirklichkeit innewohnen oder anhaften, Lebewesen und Gegenständen; Handlungen, Vorgängen, Zuständen, kurzum: Sachverhalten. Demgemäß können Adjektive, die den Kernbereich der Wortklasse bilden, im Satz prädikativ, attributiv und adverbial verwendet werden. Sie werden dekliniert, wenn sie Substantiven als Attribute vorangehen. Sie können auch mit Hilfe ihrer Komparationsformen (und anderer sprachlicher Mittel) Gradunterschiede von Eigenschaften ausdrücken, sofern ihre lexikalische Bedeutung die Graduierung (und damit auch die Komparation) nicht ausschließt.

Allerdings gibt es nicht wenige Adjektive, die auf prädikativen *(außerstande, schade, schuld, willens sein)*, attributiven *(baldig, dortig, hiesig, seiden)* oder auch adverbialen und attributiven Gebrauch *(medikamentös heilen, medikamentöse Therapie)* beschränkt sind oder nicht kompariert werden können *(bereit, gleich, stumm)*. Es ist erwiesen, daß solche Gebrauchsbeschränkungen von Adjektiven lexikalisch-semantisch bedingt sind.

Das gilt auch für die Valenz der Adjektive, die für die hier getroffene Auswahl eine wesentliche Rolle spielt. Die Besonderheit zwei- und dreiwertiger Adjektive besteht darin, daß sie sich mit zwei oder drei Aktanten (Ergänzungen) verbinden, weil das in ihrer Bedeutung widergespiegelte Merkmal auf Beziehungen zwischen zwei oder drei Erscheinungen basiert. Erster Aktant dieser Adjektive ist das Subjekt (der Merkmalsträger), zweiter und – in seltenen Fällen – dritter Aktant sind Objekte in unterschiedlichen sprachlichen Formen (Dativ, Genitiv, Akkusativ, präpositionale Wortgruppe, Infinitivgruppe oder Nebensatz) oder Adverbialergänzungen (z. B. in *zehn Jahre alt, blaß vor Neid*). Dabei können die Objekte und Adverbialergänzungen bei den Adjektiven syntaktisch obligatorisch (unentbehrlich) oder fakultativ (weglaßbar) sein.

Obligatorisch: Das Mädchen ist seiner Mutter ähnlich.
                Er ist fähig, diese Aufgabe zu lösen.
Fakultativ: Der Lehrer ist einverstanden (mit den Vorschlägen).
                Der Radfahrer ist schuld (an dem Verkehrsunfall).

Hinzuweisen ist auf drei Besonderheiten, durch die sich Bedeutung und syntaktischer Gebrauch zwei- und dreiwertiger Adjektive von Bedeutung und Verwendung zwei- und dreiwertiger Verben unterscheiden:

1. Während Verben überwiegend Vorgänge und Tätigkeiten bezeichnen, dienen die Adjektive fast ausschließlich zur Bezeichnung von Merkmalsbeziehungen mit Zustandscharakter, soweit sie attributiv auftreten oder prädikativ mit den Kopulaverben *sein, haben, bleiben* kombiniert sind. (Prädikativer Gebrauch in Verbindung mit *werden* und *machen* bleibt hier unberücksichtigt.) Von den wenigen Adjektiven, die sich nur mit *werden (ansichtig, gewahr, habhaft werden)* oder *machen (ausfindig, sich mausig machen)* verbinden, kann abgesehen werden.
2. Im Unterschied zu den Verben gelten die Valenzbeziehungen prädikativ gebrauchter Adjektive als ‚aufgespalten', ‚geschichtet': „Kopulative Verben regieren wie andere Verben bestimmte Ergänzungsbestimmungen, nämlich in der Regel Substantive im Nominativ, undeklinierte Adjektive oder Adverbien, und erst diese können gegebenenfalls weitere Ergänzungsbestimmungen fordern. Die syntaktische Wertigkeit der Adjektive determiniert demnach in Verbindung mit kopulativen Verben Satzstrukturen unterschiedlichen Typs." (GRUNDZÜGE 1984, 619) Auf die sich hieraus ergebende Bestimmung der zweiten (und dritten) Aktanten als „sekundäre Objekte" (im Unterschied zu den „primären" Objekten bei Verben) kann und soll aus darstellungstechnischen Gründen verzichtet werden.
3. Die semantische Polarität spielt bei den Adjektiven erwiesenermaßen eine größere Rolle als bei anderen Wortklassen. Es handelt sich hierbei um eine Bedeutungsbeziehung zwischen Sememen a) gegensätzlicher Natur und b) notwendiger wechselseitiger Bedingtheit. „Semantische Paradigmen der Polarität spiegeln die Tatsache wider, daß die Gegensätze bedingt sind ,durch das wechselnde Spiel der beiden entgegengesetzten Pole aufeinander, daß die Trennung und Entgegensetzung dieser Pole nur besteht innerhalb ihrer Zusammengehörigkeit und Vereinigung, und umgekehrt ihre Vereinigung nur in ihrer Trennung, ihre Zusammengehörigkeit nur in ihrer Entgegensetzung' (MEW 20, 357)." (VIEHWEGER 1977, 325f.) Der Ausdruck Polarität erscheint uns geeignet, so unterschiedliche Beziehungen wie Antonymie, Konversivität, Komplementarität, Kontradiktion zusammenzufassen, ohne im Einzelfall unterscheiden zu müssen. Polarität der Bedeutungen kann bei Adjektiven gleichermaßen durch Simplizia *(alt – jung, klug – dumm)*, Präfixwörter *(fähig – unfähig)* und Suffigierungen *(verantwortungsvoll – verantwortungslos)* sprachlich repräsentiert werden.

Wie bei vielen Wortklassen kann auch bei Adjektiven ein Kernbereich und eine Peripherie unterschieden werden, wobei der Übergang zwischen Kern und Peripherie fließend ist. Dem Kernbereich gehören Adjektive an, die Eigenschaften bezeichnen und die uneingeschränkt prädikativ und attributiv gebraucht sowie kompariert werden können. Peripheriebereiche ergeben sich bei Adjektiven, die aus Substantiven *(angst, schade, schuld)*, Adverbien *(baldig, einstig, morgig)* oder Verben, speziell Partizipien *(befugt, erfahren, wütend)*, hervorgegangen sind. Im zuletzt genannten Peripheriebereich muß weiter zwischen partizipial gebildeten Adjektiven und ursprünglichen, zu den Adjektiven übergetretenen Partizipien unterschieden werden. Mit Verbalpräfixen von Substantiven abgeleitete Adjektive *(bestrumpft, entmenscht, gestielt, vertiert)* sind nur scheinbar Partizipien, „Scheinpartizipien", in Wahrheit Adjektive. Andere, zu Verben gebildete Partizipien haben sich von diesen gelöst und sind Adjektive geworden,

a) wenn nicht mehr auf Vorgänge und Tätigkeiten Bezug genommen wird, sondern Merkmale ausgedrückt werden, die – im Unterschied zu Verbbedeutungen – temporal indifferent sind,
b) wenn es zu den ursprünglichen Partizipien polare Adjektive gibt (z. B. *entgegenkommend – ungefällig; wütend – friedlich, ruhig*),
c) wenn die Transformation des Prädikatsadjektivs in eine finite Verbform blokkiert ist *(Er ist den Anforderungen gewachsen.* ≠ *er ist gewachsen, wächst noch)*,
d) wenn das partizipiale Adjektiv graduiert werden kann *(er war sehr wütend, wurde immer wütender)*,
e) wenn das partizipiale Adjektiv mit *un-* präfigiert werden kann *(unerfahren, ungeeignet, ungeschickt)*.

Als Adjektive sollen auch Komposita gelten, deren zweite Konstituente die Form eines Partizips I oder Partizips II zeigt *(hilfesuchend, maßgebend, gleichberechtigt)*. (Vgl. SOMMERFELDT 1988, 221–229.) In einigen Fällen werden darüber hinaus Partizipien aufgenommen, wenn sie durch semantisch-syntaktische Verwandtschaft in ein lexikalisch-semantisches Feld von Adjektiven integriert sind. Unter einem solchen Feld (Wortfeld oder lexikalisch-semantisches Feld) fassen wir hier Gruppen von Adjektiven, die durch Beziehungen der Synonymie, Polarität (Antonymie, Kontrast), Hyperonymie / Hyponymie untereinander semantisch verbunden sind, denen also übereinstimmende Merkmale der Bedeutung zukommen und die infolgedessen auch Gemeinsamkeiten in ihren Valenz- und Kollokationseigenschaften zeigen. Solche Wortfelder bilden relativ geschlossene Subsysteme des Wortschatzes einer Sprache; oft sind Zusammenhänge zwischen den Elementen eines Wortfeldes auch im semantischen Gedächtnis eines Sprachteilhabers eingeprägt (vgl. AGRICOLA 1987, 323; HOFFMANN 1986, 125).

Zur Auswahl der Wortfelder und zum Aufbau des Buches

Es versteht sich, daß aus dem umfangreichen Inventar deutscher Adjektive eine Auswahl getroffen werden mußte. Die Autoren entschieden sich diesbezüglich für solche Adjektive, die in ihrer Bedeutung Beziehungen (Relationen) zwischen Erscheinungen ausdrücken, daher syntaktisch-semantisch überwiegend zwei- und dreiwertig sind und infolgedessen für den Satz eine kompliziertere Struktur vorgeben als Adjektive mit nur einem Kontextpartner. Ein weiteres Kriterium der Auswahl war das Problem der semantischen Differenzierung zwischen bedeutungsverwandten Adjektiven. Schließlich wurde auch angestrebt, die ausgewählten Adjektivfelder möglichst vollständig vorzustellen. Daran ist die Zielstellung des Buches ablesbar. Es kommt uns darauf an, auf exemplarische Weise Einsichten in Vielfalt und semantische Differenziertheit des deutschen Adjektivwortschatzes bewußtzumachen, die Sememe innerhalb von Feldern nach Bedeutungs- und Verwendungseigenschaften abzugrenzen und die wechselseitige Bedingtheit lexikalischer Einheiten in Satz und Wortgruppe (Prädikate und ihre Argumente) vor Augen zu führen. Damit wenden wir uns in erster Linie an deutschlernende Ausländer auf der Fortgeschrittenenstufe, die an der Erweiterung ihres fremdsprachlichen Wissens und an der Weiterentwicklung ihrer Kommunikationsbefähigung interessiert sind. Aber auch für Anfänger in Deutsch als Fremdsprache und Muttersprachler sind vertiefte Einsichten in die semantische Struktur des deutschen Adjektivwortschatzes zweifelsohne aufschlußreich und nützlich.

Jedes Wortfeld wird hier in drei Teilen dargeboten: der linguistischen Beschreibung, den Übungen und den Lösungen.

Die *linguistische Beschreibung* eines Wortfeldes umfaßt jeweils drei Abschnitte:
- knappe Charakteristik des ganzen Feldes (semantische Invarianten, Valenz- und Kontexteigenschaften)
- semantisch geordnete Übersicht über die Gliederung der Sememe (Gruppierung nach bedeutungsunterscheidenden Merkmalen)
- detaillierte Beschreibung der zum Feld gehörigen Adjektive in alphabetischer Folge.

Für die Beschreibung jedes Adjektivs wurde folgende Reihenfolge der Angaben gewählt:
- Angabe des Adjektivs mit Komparationsformen (sofern zulässig und in der ausgewählten Bedeutungsvariante üblich):

  abhängig (Komparation nicht üblich)

- Demonstration der semantisch-syntaktischen Struktur am Beispiel:
  Die Frau (a) ist von ihrem Mann (b) wirtschaftlich (c) abhängig.

- Charakterisierung der Kernbedeutung mit Hilfe von Semangaben:

  1. ‚Abhängigkeit‘, ‚angewiesen auf andere‘, ‚bedürftig‘

- Angabe des Gegenwortes (Antonyms), wenn sinnvoll: /Ggs. unabhängig/

- Beschreibung der Aktanten/Argumente des Adjektivs hinsichtlich
  · der semantischen Rolle in der Konstruktion (des semantischen Kasus)
  · der für die Kombinierbarkeit wesentlichen Bedeutungsmerkmale
  · der morphologischen Form (Kasus, Präposition, Art des Nebensatzes)
  · der syntaktischen Notwendigkeit (ohne Klammer) oder Weglaßbarkeit (mit Klammer), zum Beispiel:
  2. a – Merkmalsträger / Mensch (Kollektiv, Institution) / Sn
     b – Bezugspartner / Mensch (Kollektiv, Institution) / pS (von)
     (c) – Bezugsmerkmal / Abstr / pS (in bezug auf), Adj

- Beispielsätze zur Veranschaulichung von Möglichkeiten zur Besetzung der Leerstellen bei prädikativem und attributivem Gebrauch. Nur wenn prädikativer Gebrauch nicht oder wenig üblich ist, wird gelegentlich adverbiale Verwendung vorgeführt (vgl. z. B. *polar, ehrfurchtsvoll*). Meist wird aber adverbialer Gebrauch nicht belegt.

Soweit erforderlich, werden der Kernbedeutung (unter 1.) Angaben zu situativen Gebrauchsbeschränkungen (gehoben, salopp u. ä.) hinzugefügt. Anmerkungen sollen auf weitere Verwendungsmöglichkeiten, andere Bedeutungsvarianten oder Sprachschwierigkeiten besonderer Art in Einzelfällen aufmerksam machen.

An die Beschreibung jedes Wortfeldes schließen sich verschiedenartige *Übungsaufgaben* an – von Einsetz-, Ersatz-, Systematisierungsübungen bis zu Übungen zur

Wortbildung, zur Beurteilung der semantischen Vereinbarkeit und zur Korrektur von Formulierungen im Falle semantischer Unverträglichkeit der Kontextpartner. Diese Übungen sollen zur Festigung und Anwendung des Wissens, zur selbständigen Überprüfung des Sprachkönnens und auch als Anregung zum wiederholenden Nachschlagen genutzt werden. Zwischen den Übungen bestehen Unterschiede im Schwierigkeitsgrad. Am Anfang einer Übungsfolge stehen Einsetzübungen, die auch Lernende mit begrenzten Sprachkenntnissen mit Gewinn lösen können, wenn die Beschreibung des Wortfeldes planmäßig geistig angeeignet worden ist. Diese Übungen dienen also zur Überprüfung und Festigung neu erworbenen Wissens. Die Mehrzahl der weiteren Übungen soll fortgeschrittenen Deutschlernenden bewußtmachen, inwieweit ihr sprachliches Können in bezug auf semantische und stilistische Differenzierung der Lexik entwickelt ist. Sprachliche Unsicherheit wird den Lernenden veranlassen, sich wiederholend und auswählend gründlicher mit der semantischen Beschreibung einzelner Adjektive – insbesondere den Bedeutungs- und Verwendungsunterschieden – zu beschäftigen. Insofern können diese Übungen einerseits Beginn, andererseits auch Abschluß intensiver Wortschatzarbeit sein.

Die *Lösungen* zu den Übungen finden sich nach den Feldern geordnet am Ende dieses Buches. Sie bieten den Lernenden die Möglichkeit der Selbstkontrolle. In einzelnen Fällen gibt es zu einem Übungsbeispiel mehrere Lösungen; diese werden dann in der Rangfolge ihrer Angemessenheit, Häufigkeit oder Bedeutsamkeit angeordnet.

Abkürzungen und Zeichen

Abstr   – Abstraktum
Adj   – Adjektiv
Adv   – Adverb
adv.   – adverbial (gebraucht)
Anm.   – Anmerkung
attr.   – attributiv (gebraucht)
Ggs.   – Gegensatz (Antonym)
geh.   – gehoben
Inf   – (erweiterter) Infinitiv
Konkr   – Konkretum
NS (daß)   – Nebensatz, eingeleitet mit „daß"
NS (ob)   – Nebensatz, eingeleitet mit „ob"
NS (w)   – Nebensatz, eingeleitet mit Interrogativ (w-Wort)
phras.   – phraseologisierte Wortgruppe
präd.   – prädikativ (gebraucht)
pS   – Substantiv mit Präposition, diese wird in Klammern angefügt, z. B. pS (an), pS (über), pS (von)
Refl   – Reflexivum
Sa   – Substantiv (oder Pronomen) im Akkusativ
Sd   – Substantiv (oder Pronomen) im Dativ
Sg   – Substantiv (oder Pronomen) im Genitiv
Sn   – Substantiv (oder Pronomen) im Nominativ
umg.   – umgangssprachlich
a, b, c   – Kennzeichnung obligatorischer Aktanten im Mustersatz und auf Stufe 2 der Beschreibung der Adjektive
(b), (c)   – Klammern kennzeichnen Aktanten als weglaßbar
→   – Lösungsmuster im Übungsteil (Umformung)
Ü   – Verweis auf Übung (im Lösungsteil)

Nach Präpositionen wird der Kasus angegeben (Sa, Sd, Sg), wenn die Präposition regelhaft mit verschiedenen Kasus kombiniert wird.

Beschreibung der Adjektive und Aufgaben

Ähnlichkeit und Verschiedenheit

Die Adjektive drücken aus, daß zwei oder mehr Erscheinungen in bestimmten Merkmalen übereinstimmen oder sich unterscheiden oder daß sie miteinander vereinbar oder unvereinbar sind. Solche Beziehungen gelten als symmetrisch, d.h., es besteht die Auffassung, zwischen x und y bestehe die gleiche Beziehung wie zwischen y und x. Alle Adjektive dieses Feldes sind mindestens zweiwertig, weil ein Vergleich immer mindestens zwei Größen (Vergleichspartner) voraussetzt. In Fällen, in denen das Vergleichsmerkmal (das Tertium comparationis – Tc = „das vergleichende Dritte") genannt wird, sind diese Adjektive dreiwertig. Werden die verglichenen Größen durch einen Plural oder durch koordinierte Glieder zusammengefaßt (Beispiel: *Die beiden Dreiecke sind kongruent.*), erscheinen die Adjektive an der syntaktischen Oberfläche als einwertig.

Da beliebige Erscheinungen untereinander verglichen werden können, gibt es für die Aktanten dieser Adjektive kaum Distributionsbeschränkungen, allerdings müssen die jeweils kombinierten Aktanten untereinander semantisch verträglich sein. Dies – die Vergleichbarkeit – ist eine logisch grundlegende Voraussetzung des Vergleichens überhaupt. – Erscheinen die verglichenen Größen in der Konstruktion als selbständige Satzglieder mit unterschiedlicher Form, so besteht in kommunikativer Sicht keine Symmetrie mehr, denn das Subjekt bzw. das Bezugswort des Adjektivattributs bildet die Ausgangsbasis des Vergleichs. Dennoch wird hier von den feldprägenden semantischen Merkmalen ‚relational', ‚zuständlich', ‚symmetrisch', ‚vergleichend' ausgegangen. Die Adjektive sind überwiegend nicht komparierbar.

Übersicht über das Wortfeld

1.   ‚Merkmalsübereinstimmung oder Entsprechung'
1.1.   ‚weitgehende Übereinstimmung': deckungsgleich, gleich, identisch, kongruent
1.2.   ‚Entsprechung': analog, vereinbar
1.3.   ‚teilweise Übereinstimmung'
1.3.1.   allgemein: ähnlich
1.3.2.   ‚in der sprachlichen Semantik': synonym
     (1.3.3. mit Angabe des übereinstimmenden Merkmals: gleichaltrig, gleichartig, gleichfarbig, gleichgeartet, gleichgelagert, gleichgeschlechtig,

	gleichgesinnt, gleichlautend, gleichrangig, gleichwertig, gleichbedeutend)
2.	‚Nichtübereinstimmung (Verschiedenheit)'
2.1.	allgemein: divergent, ungleich, unterschiedlich, verschieden$_1$, verschieden$_2$, zweierlei (inkongruent)
2.2.	‚Gegensatz': entgegengesetzt, gegensätzlich, konträr, polar, unversöhnlich, widersprüchlich (antagonistisch, antithetisch, antonymisch)

Eingeklammerte Adjektive werden in einem ergänzenden Exkurs semantisch knapp erläutert.

Beschreibung der Adjektive

ähnlich (ähnlicher, am ähnlichsten)

Dieses Porträt (a) ist dem Original (b) (täuschend, zum Verwechseln) ähnlich.

1. ‚Übereinstimmung', ‚zweier oder mehrerer Erscheinungen', ‚in mindestens einem Merkmal'
2. a – Merkmalsträger / beliebige Erscheinung / Sn
   b – Vergleichsgröße / mit a vergleichbare Erscheinung / Sd
   (c) – Bezugsbasis / Abstr / pS (in + Sd; bezüglich, hinsichtlich + Sg)
3. prädikativ:
   Der Sohn ist dem Vater im Körperbau, in der Statur, in seinem Auftreten ähnlich. Mein Pullover ist deinem, dem deiner Schwester im Muster, im Schnitt ähnlich. Die Welpen sind der Hündin ähnlich.
   Anm.: Die ähnlichen Erscheinungen können auch, durch einen Plural oder eine koordinative Verbindung benannt, den Platz des Subjekts im Satz einnehmen, dann steht für Sd: *sich, einander*:
   Die Brüder / Schwestern / Jungtiere / Hüte / Mäntel / Meinungsäußerungen sind sich / einander ähnlich.
   attributiv:
   ähnliche Ansichten, Interessen, Neigungen haben, sich in einer ähnlichen Lage (wie ein anderer) befinden; ein dem Specht, Adler, Zaunkönig ähnlicher Vogel

analog (nicht komparierbar)

Meine jetzige Lage (a) ist der deinen vor zehn Jahren (b) analog.

1. ‚Entsprechung', ‚zweier Sachverhalte', ‚in einem Merkmal'
2. a – Merkmalsträger / Abstr / Sn
   b – Vergleichsgröße / Abstr / Sd
3. prädikativ:
   Evas Situation ist der meiner Freundin Julia vor zwei Jahren analog. Dieser Rechtsfall ist dem Betrugsversuch Franz Meiers im Jahre 1986 analog.
   attributiv:

eine analoge Situation, ein analoger Fall, eine Aufgabe in analoger Weise lösen, ein ganz analoger Lösungsweg
Anm.: Bei attributivem Gebrauch ergibt sich die Vergleichsgröße in der Regel aus dem Kontext.

deckungsgleich   (nicht komparierbar)

Die beiden Dreiecke (a + b) sind deckungsgleich.
1. ‚Übereinstimmung', ‚zweier Größen', ‚in allen wesentlichen Merkmalen'
2. a – Merkmalsträger / geometrische Figur, Modell / Sn
   b – Vergleichsgröße / mit a vergleichbare Erscheinung / Sn, pS (mit)
3. prädikativ:
   Zwei Dreiecke sind deckungsgleich, wenn sie in der Länge aller drei Seiten übereinstimmen. Dieses Schiffsmodell ist nicht deckungsgleich mit dem Original. Deine Zeichnung ist deckungsgleich mit dem Grundriß des Gebäudes.
   attributiv:
   deckungsgleiche Dreiecke, Rechtecke, Ellipsen, Modelle

divergent   (nicht komparierbar)

Die Urteile der Geschworenen (a) waren (hinsichtlich der Bewertung des Tatmotivs) (b) divergent.
1. ‚Verschiedenheit', ‚mehrerer Elemente einer Menge' /geh./
2. a – Merkmalsträger / Abstr / Sn (Plural)
   (b) – Bezugsbasis / Abstr / pS (hinsichtlich + Sg, in bezug auf + Sa)
3. prädikativ:
   Die Begriffe / Aussagen / Standpunkte / Meinungen sind divergent (in bezug auf den Betrachtungsaspekt, die Sehweise, den Gesichtswinkel, den Geltungsbereich).
   attributiv:
   divergente Ansichten, Aussagen, Begriffe, Meinungen, Urteile

entgegengesetzt   (nicht komparierbar)

Mein Vorschlag (a) war dem (Vorschlag) des Meisters (b) entgegengesetzt.
1. ‚äußerste', ‚Verschiedenheit', ‚zweier Erscheinungen'
2. a – Merkmalsträger / Abstr, Ding / Sn
   b – Bezugspartner / Abstr, Ding / Sd
3. prädikativ:
   Die Pläne des Sohnes sind den Wünschen der Eltern entgegengesetzt.
   adverbial:
   Das Geschehen vollzog / entwickelte sich unseren Erwartungen / der Prognose / allen Hypothesen entgegengesetzt. Die Kabinen liegen dem Eingang entgegengesetzt.
   attributiv:
   entgegengesetzter Auffassung sein, in entgegengesetzter Richtung

gegensätzlich (nicht komparierbar, nur attributiv)

Die Gesprächspartner sind gegensätzlicher Auffassung (a).
1. ‚äußerste', ‚Verschiedenheit', ‚von Begriffen und Einstellungen'
2. a – Merkmalsträger / Abstr (Begriffe, Einstellungen) / S (oft Plural)
   – Kasus ist abhängig von der Position im Satz
3. attributiv:
   In der Diskussion entwickelten sich gegensätzliche Positionen, Fronten. Hier zeigen sich gegensätzliche Welten, Kräfte, Gefühle. Mut und Feigheit sind gegensätzliche Begriffe.

gleich$_1$ (nicht komparierbar)

Meine Erfahrungen mit dieser Fluggesellschaft (a) sind deinen (Erfahrungen) (b) (fast, nahezu) gleich.
1. ‚Übereinstimmung', ‚zweier (oder mehrerer) Erscheinungen' / Ggs. *ungleich* /
2. a – Merkmalsträger / beliebige Erscheinung / Sn
   b – Vergleichsgröße / mit a übereinstimmende Erscheinung / Sd
   Anm.: a und b können durch eine Pluralform oder koordinative Verbindung zusammengefaßt werden. Dann ist Sd: *sich, einander*
3. prädikativ:
   Dein Anzug ist meinem (im Schnittmuster) gleich. Die Geschäftspartner waren sich / einander in ihrem Wesen / ihren Geschäftspraktiken gleich. Peter und Paul, eineiige Zwillinge, sind einander gleich.
   attributiv:
   Die Eisenbahner tragen gleiche Kleidung. Teile den Kuchen in gleiche Teile, mit gleicher Münze (heimzahlen) /phras/

Exkurs:
Häufig ist *gleich* mit einem Adjektiv zusammengesetzt, das das übereinstimmende Merkmal bezeichnet. Diese Adjektivkomposita werden dem einfachen Adjektiv *gleich* analog gebraucht, allerdings immer nur in Verbindung mit Substantiven, die Erscheinungen benennen, die über das von dem Adjektiv bezeichnete Merkmal verfügen:
gleichaltrig (Freunde, Verlobte), gleichartig (Fälle, Beziehungen), gleichbedeutend (soziale Reformen sind gl. mit Veränderungen der Gesellschaft), gleichberechtigt (Mann und Frau; Staatsbürger), gleichfarbig (Mantel und Hut), gleichgelagert (Rechtsfälle), gleichgeschlechtig (Geschwister, Zwillinge), gleichgesinnt (Freunde, Partner), gleichlautend (Wörter, Schreiben), gleichnamig (Brüche = Bruchzahlen mit dem gleichen Nenner), gleichrangig (Aufgaben, Dienstgrade), gleichwertig (Gegner, Partner, Tauschgegenstände)

Daneben steht *gleich* auch in gleicher Bedeutung wie *gleichgültig*:
Was er tut, ist mir gleich.

identisch (nicht komparierbar)

Der Wortlaut der beiden Verträge (a + b) ist (nicht) identisch.

1. ‚völlige Übereinstimmung', ‚Wesensgleichheit'
2. a – Merkmalsträger / beliebig / Sn
   (b) – Vergleichsgröße / mit a übereinstimmend / pS (mit)
3. prädikativ:
Der Festgenommene ist mit dem gesuchten Betrüger identisch (dieselbe Person). Die Zusammensetzung des neuen Vorstands ist mit der des alten identisch. Die Bildteile der alten und der neuen Buchausgabe sind (miteinander) identisch. Tempus und objektive Zeit sind nicht (miteinander) identisch.
attributiv:
identische Begriffe, die mit dem Gesuchten identische Person

kongruent   (nicht komparierbar)

Dreiecke mit gleichlangen Seiten (a) sind (einander) (b) kongruent.

1. ‚Übereinstimmung', ‚von Begriffen oder geometrischen Figuren' / Ggs. *inkongruent* /
2. a – Merkmalsträger / wissenschaftlicher Begriff oder zweidimensionale geometrische Figur / Sn
   (b) – Vergleichsgröße / wie a / Sd
3. prädikativ:
Ein Dreieck ist einem anderen kongruent, wenn es mit diesem in zwei Seiten und dem eingeschlossenen Winkel übereinstimmt.
attributiv:
Sind Biotop und Biozönose kongruente Begriffe?

konträr   (nicht komparierbar)

Vaters Charakter (a) ist Mutters Wesensart (b) konträr.

1. ‚äußerste', ‚Verschiedenheit', ‚zweier Erscheinungen'
2. a – Merkmalsträger / Abstr, Lebewesen / Sn
   b – Bezugspartner / Abstr, Lebewesen / Sd
   Anm.: a und b können durch Plural oder Reihung zusammengefaßt werden.
3. prädikativ:
Unsere Interessen sind denjenigen der Herrschsüchtigen konträr. Die Geschwister / Brüder / Hans und Christian sind charakterlich konträr.
adverbial:
Die Schüler Jan und Thomas stehen konträr zueinander.
attributiv:
konträre Ansichten, Meinungen, Standpunkte, Ziele haben, konträre Muster, konträre Bedeutungen

polar   (nicht komparierbar, nur adverbial und attributiv)

Licht und Schatten sind polare Begriffe (a).

1. ‚äußerste', ‚Verschiedenheit', ‚zweier Begriffe'

2. a – Merkmalsträger/Abstr/S, V
3. adverbial:
Die Hypothesen/Theorien der Forscher standen einander/sich polar gegenüber.
attributiv:
polare Kräfte, Gegensätze, Wirkungsgruppen

> Anm.: Zu unterscheiden ist das homonyme Adjektiv, Ableitung von *(Nord-, Süd-)Pol*: polare Breiten, Luftmassen, Strömungen, Winde

synonym (nicht komparierbar)

„Kongruent" (a) ist mit „deckungsgleich" (b) synonym.

1. ‚Übereinstimmung', ‚zweier oder mehrerer sprachlicher Zeichen', ‚in der Bedeutung'
2. a – Merkmalsträger/sprachliches Zeichen/Sn
   (b) – Vergleichsgröße/sprachliches Zeichen/pS (mit)
3. prädikativ:
Adresse und *Anschrift*, *obwohl* und *obgleich* sind synonym. Unter bestimmten Kontextbedingungen können Nebensatz und Infinitivgruppe (miteinander) synonym sein. Das Wort *Bibliothek* ist mit dem Wort *Bücherei* nur bedingt synonym.
attributiv:
synonyme Wörter, Ausdrücke, Konstruktionen; ein mit *Symmetrie* synonymes heimisches Wort

ungleich (nicht komparierbar)

Die beiden Bretter (a) sind ungleich lang (b)/von ungleicher Länge (b).

1. ‚Verschiedenheit', ‚zweier (oder mehrerer) Erscheinungen', ‚in einem Merkmal' /Ggs. *gleich*/
2. a – Merkmalsträger/beliebige Erscheinungen/Sn (Plural)
   (b) – Bezugsbasis/Eigenschaft (Abstr)/Adj, pS (von)
3. prädikativ:
Die Schwestern sind äußerlich/von Gestalt ungleich.
adverbial:
Diese beiden Fälle sind ungleich gelagert. Die Fohlen sind ungleich groß. Die Torpfosten sind ungleich hoch.
attributiv:
Er trug zwei ungleiche Schuhe, Strümpfe, Handschuhe. Es sind ganz ungleiche Charaktere, mit ungleichen Mitteln

unterschiedlich (nicht komparierbar)

Maultier und Maulesel (a) sind unterschiedlich im Körperbau (b).

1. ‚Verschiedenheit', ‚mehrerer Erscheinungen', ‚in mindestens einem Merkmal'
   /Ggs. *gleich, ähnlich*/
2. a – Merkmalsträger/beliebige, aber vergleichbare Erscheinungen/Sn (Plural oder koordinative Verbindung)
   (b) – Bezugsbasis/Eigenschaft (Abstr)/Adj, pS (in + Sd)
3. prädikativ:
   Die Farben der Vorhänge sind unterschiedlich. Hans und Rudi sind ganz unterschiedlich im Charakter/Temperament. Die Reaktionen des Publikums auf das Stück waren ganz unterschiedlich.
   attributiv:
   unterschiedliche Auffassungen, Interessen, Standpunkte; von unterschiedlichem Alter, unterschiedliche Bezahlung

unversöhnlich (Komparation nicht üblich)

Die beiden Streithähne (a) blieben unversöhnlich.

1. ‚Gegensatz', ‚zwischen zwei Parteien', ‚unaufhebbar'
2. a – Merkmalsträger/Mensch (Kollektiv), Abstr/Sn (Plural oder koordinative Verbindung)
3. prädikativ:
   Die Gegner/Parteien/Feinde sind unversöhnlich. Die politischen Standpunkte/Programme/Positionen der Regierung und der Opposition sind unversöhnlich.
   attributiv:
   unversöhnliche Charaktere, Feinde, Meinungen, Ideologien; zwischen ihnen herrscht unversöhnlicher Haß.

vereinbar (nicht komparierbar, nur prädikativ)

Mein Wunsch (a) ist mit euren Plänen (b) vereinbar.

1. ‚zur Kombination geeignet', ‚zusammenpassend' /Ggs. *unvereinbar*/
2. a – Merkmalsträger/Abstr/Sn
   b – Bezugspartner/Abstr/pS (mit)
3. prädikativ:
   Berufswünsche müssen mit den realen Möglichkeiten vereinbar sein. Achte darauf, daß deine Neigungen mit deinen Pflichten vereinbar sind. Die Wörter *Katze* und *blond* sind nicht (miteinander) vereinbar (= kompatibel).
   attributiv:
   nicht üblich

verschieden$_1$ (nicht komparierbar)

Die deutsche, die finnische und die chinesische Sprache (a) sind hinsichtlich ihrer Struktur (b) verschieden.

1. ‚Verschiedenheit', ‚mehrerer Erscheinungen', ‚in bezug auf mindestens ein Merkmal'

2. a – Merkmalsträger/beliebige Elemente einer Klasse/Sn, NS (ob)
   (b) – Bezugsbasis/Abstr/pS (hinsichtlich + Sg, in bezug auf + Sa, je nach + Sd), NS (was ... betrifft)
3. prädikativ:
Die Menschen, Hunde, Schmetterlinge, Bäume, Ziele, Meinungen sind (durchaus, ganz) verschieden. Das Strafmaß für die Angeklagten ist je nach der Schwere der Tat verschieden. Hai und Delphin sind in bezug auf ihre Intelligenz sehr verschieden. Ob man ein Haus selbst baut oder bauen läßt, ist hinsichtlich der Kosten verschieden. Die Stellungnahmen der Abgeordneten waren, was eine Steuerreform betraf, verschieden. Baumwolle und Chemiefaser sind verschieden.
attributiv:
verschiedene Völker, Tiere, Flaschen, Farben; in bezug auf ihren Geschmack verschiedene Früchte

Anm.: Attributiv werden analog verwendet: verschiedenartige Werkzeuge, verschiedenfarbene/verschiedenfarbige Krawatten, zwei grundverschiedene Geschwister (emot. verstärkt)

verschieden$_2$ (nicht komparierbar, nur prädikativ)

Die Tochter (a) ist in ihrem Auftreten (c) verschieden von ihrem Vater (b).

1. ‚Verschiedenheit‘, ‚einer Erscheinung‘, ‚von anderen, mit dieser verglichenen Erscheinungen‘, ‚in einem Merkmal‘
2. a – Merkmalsträger/beliebige Erscheinung/Sn
   b – Vergleichsgröße/mit a vergleichbare Erscheinung/pS (von)
   (c) – Bezugsbasis/Abstr/pS (hinsichtlich + Sg, in bezug auf, im Hinblick auf + Sa), NS (was ... betrifft), NS (darin, daß)
3. prädikativ:
Die moderne Technologie im Werkzeugmaschinenbau ist von der herkömmlichen vor allem darin verschieden, daß die Fließbandarbeit durch Roboter ersetzt wird. Gelber Phosphor ist, was die Entzündungstemperatur betrifft, von rotem Phosphor verschieden. Der Geruchssinn der Hunde ist im Hinblick auf Empfindlichkeit von dem der Menschen sehr verschieden.
attributiv:
nicht möglich

widersprüchlich (nicht komparierbar)

Die Zeugenaussagen (a) sind widersprüchlich.

1. ‚Verschiedenheit‘, ‚mehrerer Erscheinungen‘, ‚unvereinbar‘
2. a – Merkmalsträger/Abstr (Bewußtseinszustände)/Sn (Plural)
3. präd.: Die Empfindungen, Gefühle, Eindrücke, Gedanken der Zuschauer waren widersprüchlich. Die Gerüchte, Nachrichten, Informationen aus dem Katastrophengebiet waren widersprüchlich.
   attr.: widersprüchliche Aussagen, Eindrücke, Gefühle; ein widersprüchlicher Prozeß, ein widersprüchliches Ergebnis

zweierlei (nicht komparierbar, nicht deklinierbar)
Tadeln und Schimpfen (a) sind zweierlei.
1. ‚Verschiedenheit', ‚zweier Erscheinungen', ‚nicht allgemein anerkannt'
2. a – Merkmalsträger/beliebige, verwandte Begriffspaare/Sn (Plural), (paarig), NS (ob ... oder ...), Inf
3. prädikativ:
Angst und Feigheit/Mut und Kühnheit/Kritik und Nörgelei/Neigung und Liebe sind zweierlei. Es ist (aber) zweierlei, eine Sache zu verstehen oder diesem Verständnis entsprechend auch zu handeln. Ob ich eine Verhaltensweise verstehe oder ob ich sie auch gutheiße, (das) ist zweierlei.
attributiv:
zweierlei Schuhe tragen, mit zweierlei Maß messen, ein Manuskript mit zweierlei Buchstaben, zweierlei Handschriften

Anmerkung

Gegensatzverhältnisse werden auch von folgenden Fachwörtern und bildungssprachlichen Adjektiven ausgedrückt: *antagonistisch* (Philos.): ‚unversöhnlicher Gegensatz' – antagonistische Widersprüche, Klassen; *antithetisch* (Stilistik): ‚Gegensätze ausdrückende Formulierung' – antithetische Zuspitzung, Pointierung, Gegenüberstellung; *antonymisch* (Lexikologie): ‚semantisch gegensätzlich' – antonymische Wörter, Sememe, Ausdrücke, Wortpaare; *inkongruent* (Geometrie): ‚nicht deckungsgleich' – inkongruente Flächen, Dreiecke, Vielecke; *komplementär* (Logik): ‚einander ausschließend und zugleich ergänzend' – komplementäre Begriffe, Farben, Funktionen

Übungen

1. *ähnlich – deckungsgleich – gleichbedeutend – gleichwertig – synonym – kongruent.*
Welches Adjektiv wählen Sie?
   1) Manche Hunde sind/sehen Wölfen ...
   2) *Bibliothek* und *Bücherei* gelten als ... Substantive.
   3) Wenn zwei Dreiecke in ihren Seitenlängen übereinstimmen, werden sie ... genannt.
   4) Die neue Waschmaschine zu benutzen ist ... mit zeitsparend, kostengünstig und umweltfreundlich zu waschen.
   5) Können Sie mir für dieses defekte Gerät einen ... Plattenspieler geben?
   6) Gestern befand ich mich in einer ... Situation wie du im vorigen Jahr.
   7) Vor einer Entscheidung zurückzuschrecken ist oft ... mit dem Mangel der Unentschlossenheit.
   8) Ich kann Ihnen für diese wertvolle Briefmarkensammlung leider kein ... Tauschobjekt anbieten.

2. *anders – entgegengesetzt – verschieden₁ – verschieden₂ – widersprüchlich*
   Welches Adjektiv wählen Sie?

   1) Hast du etwa zwei ... Strümpfe angezogen?
   2) Ich schaute nach rechts, aber mein Gast kam aus der ... Richtung.
   3) Du siehst heute so ... aus als sonst. Bist du etwa krank?
   4) ... Zeugenaussagen erschwerten die Aufklärung eines Verkehrsunfalls durch die Polizei.
   5) Die Zukunftspläne des jungen Mädchens waren denjenigen der Eltern ....
   6) Die Eindrücke der Geschworenen von dem Angeklagten waren ...
   7) Die Reaktion des Überraschten war ... als erwartet. Der überraschte Schüler reagierte ... als erwartet.

3. *ungleich – unterschiedlich – unversöhnlich – widersprüchlich*
   Welches Adjektiv wählen Sie?

   1) Ist dir aufgefallen, daß dein Bekannter zwei ... Füße hat?
   2) Die Neigungen der Geschwister sind ganz ...
   3) Die Empfindungen der Theaterbesucher waren am Ende der Aufführung ...
   4) Der Kampf des ... Paares endete mit einer Niederlage des Schwächeren.
   5) Trotz aller Bemühungen der Richter blieben die scheidungswilligen Ehepartner ...
   6) Hast du bemerkt, wie ... die Freunde eben reagierten?
   7) Der Richter war in der Lage, sich trotz ... Aussagen der Zeugen ein gerechtes Urteil zu bilden.
   8) Der Schneider hat die Ärmel des Kleides ... lang zugeschnitten.

4. Bilden Sie Sätze nach folgendem Muster:
   verschieden (Auffassungsgabe – Schüler der Klasse)
   → Die Auffassungsgabe der Schüler der Klasse ist verschieden.

   1) divergent (die Begriffe *Satz* und *Äußerung*)
   2) konträr (Ansichten der Verhandlungspartner)
   3) unterschiedlich (Einkommen der Beschäftigten des Betriebes)
   4) zweierlei (ein Kind lieben – es durch Affenliebe verziehen)
   5) gleichgeschlechtig (Drillinge unseres Nachbarn)
   6) gleichaltrig (Michaels Vater – sein Klassenlehrer)
   7) gleichberechtigt (die Bürger dieses Staates)
   8) identisch (der gerettete Schiffbrüchige – der Verschollene)
   9) identisch (Wortlaut der Abschrift – Wortlaut des Originals)

5. Beantworten Sie folgende Fragen:
   1) Sind *Fleiß* und *Eifer* identische Begriffe oder nicht?
   2) Haben *vierzehntägig* und *vierzehntäglich* gleiche oder unterschiedliche Bedeutung?
   3) Welches Tier ist dem Löwen am ähnlichsten?
   4) Worin sind sich Löwe und Tiger ähnlich?
   5) In welcher Hinsicht sind Löwe und Tiger verschieden?
   6) Worin bestehen die Bedeutungsunterschiede zwischen *gleich* und *identisch*, zwischen *der gleiche* und *derselbe*?

6. Nominalisieren Sie die zur 4. Aufgabe gebildeten Sätze in folgender Weise:

   Die Auffassungsgabe der Schüler (der Klasse) ist verschieden.
   → Die Verschiedenheit der Auffassungsgabe der Schüler

   Da *zweierlei* nicht substantiviert werden kann, ist diese Umformung bei Satz 4) ausgeschlossen.

Abhängigkeitsbeziehungen zwischen Menschen

Unter Abhängigkeit als einer zwischenmenschlichen Beziehung wird die einseitige oder wechselseitige Bezogenheit des einen Partners auf den anderen hinsichtlich eines Bezugspunktes verstanden.

Die Adjektive dieses Wortfeldes sind logisch dreiwertig: Sie geben an, daß sich jemand zu jemandem in bezug auf etwas im Abhängigkeitsverhältnis (Überordnung, Gleichheit, Unterordnung) befindet. Sprachlich wird der 3. Aktant selten realisiert. Auch der 2. Aktant wird häufig sprachlich nicht explizit gemacht.

Die Adjektive dieses Feldes lassen sich in drei Gruppen gliedern:
- Gruppe 1 – X dominiert gegenüber Y.
- Gruppe 2 – X und Y sind gleichwertig.
- Gruppe 3 – Y dominiert gegenüber X.

Bei Gruppe 2 sind zwei Strukturvarianten möglich:
- Variante 1 – X ist (gleich) mit Y.
- Variante 2 – X und Y sind (gleich).

Übersicht über das Wortfeld

1.	X dominiert gegenüber Y: überlegen
2.	X und Y sind gleichwertig:
2.1.	Gesellschaftlicher Bezug: gleichgestellt
2.2.	Leistungsmäßiger Bezug: gewachsen
3.	Y dominiert gegenüber X:
3.1.	allgemein: abhängig
3.2.	‚Dankbarkeit': verbunden
3.3.	‚Bereitschaft': gehorsam, treu
3.4.	‚Zwang': gefügig, schuldig, verpflichtet, unterhaltspflichtig
3.5.	‚Untertänigkeit': ergeben, hörig, leibeigen, untertan

Beschreibung der Adjektive

abhängig (Komparation nicht üblich)

Der junge Mann (a) ist noch immer von seinen Eltern (b) finanziell (c) abhängig.
1. ‚nicht vorhandene Selbständigkeit', ‚angewiesen auf andere', ‚bedürftig' /Ggs. *unabhängig/*
2. a – Merkmalsträger/Mensch (Kollektiv, Institution)/Sn
   (b) – Bezugspartner/Mensch (Kollektiv, Institution)/pS (von)
   (c) – Bezugsmerkmal/Abstr/pS (in bezug auf), Adj
3. prädikativ:
   Der Student/das Team/das Land ist von ihm abhängig. – Er ist von seinem Vater/der Gruppe/dem anderen Land abhängig. – Er ist von ihm ökonomisch/in bezug auf seine Entscheidungen abhängig.
   attributiv:
   das vom Muttertier abhängige Junge
   der finanziell von den Eltern abhängige Student

ergeben (ergebener, am ergebensten)

Der alte Diener (a) ist seinem Herrn (b) ergeben.
1. ‚Abhängigkeit', ‚Bereitschaft zur bedingungslosen Unterordnung', ‚weitgehend Aufgabe der eigenen Identität', ‚willenlos' /veraltend/
2. a – Merkmalsträger/Mensch/Sn
   b – Bezugsgröße/Mensch, Abstr/Sd
3. prädikativ:
   Der Diener ist dem Herrn völlig ergeben. – Er ist dem Diktator/dem Dealer/der attraktiven Frau ergeben. Er ist seinem König/Heerführer/der neuen Lehre treu ergeben. Er ist dem Trunk/Spiel/Laster/Rauschgift ergeben.
   attributiv:
   der seiner Freundin ergebene junge Mann
   mit ergebenem Gesicht schweigen

gefügig (gefügiger, am gefügigsten)

Die junge Frau (a) ist dem willensstarken Mann (b) gefügig.
1. ‚Abhängigkeit', ‚durch starken Druck erreichte Bereitschaft zur völligen Unterordnung', ‚weitgehend Verzicht auf eigenen Willen', ‚willensschwach'
2. a – Merkmalsträger/Mensch/Sn
   (b) – Bezugsgröße/Mensch/Sd
3. prädikativ:
   Das Kind ist seinen Eltern gefügig. – Die Jugendlichen sind ihrem Anführer gefügig.
   attributiv:
   der dem Vater gefügige Sohn

gehorsam (gehorsamer, am gehorsamsten)
Der Sohn (a) ist der Mutter (b) gehorsam.
1. ‚Abhängigkeit', ‚durch Einsicht oder durch Zwang erreichte Bereitschaft zur Unterordnung', ‚Befolgen der vorgeschriebenen Verhaltensregeln', ‚folgsam' /Ggs. *ungehorsam*/
2. a – Merkmalsträger/Mensch/Sn
   (b) – Bezugsgröße/Mensch/Sd
   Anm: Bei a – +Anim/Säugetier fehlt das Moment der Bewußtheit: Der Hund ist seinem Herrn gehorsam.
3. prädikativ:
   Der Schüler/die Kinder sind dem Lehrer gehorsam. – Der Patient ist dem Arzt gehorsam.
   attributiv:
   das den Eltern gehorsame Kind

gewachsen (nicht komparierbar)
Manfred (a) ist seinem Freund (b) in Mathematik (c) gewachsen.
1. ‚gleichgestellt', ‚bezogen auf die Beschaffenheit bzw. Leistungsfähigkeit', ‚Betonung des gleichen Leistungsvermögens'
2. a – Merkmalsträger/Mensch/Sn
   b – Bezugsgröße/Mensch/Sd
   (c) – Bezugsobjekt/Abstr/pS (in)
3. nur prädikativ:
   Der junge Rechtsanwalt ist dem Staatsanwalt in der Beweisführung nicht gewachsen. Er ist dem Gegner/Mitarbeiter im Durchsetzungsvermögen gewachsen. Er ist ihm in Geschichte/im schnellen Erfassen der Zusammenhänge (nicht) gewachsen.

Anmerkung:
Häufig in Verbindung mit dem Negationswort *nicht* gebraucht.

gleichgestellt (nicht komparierbar)
Thomas (a) ist mit dem Assistenten (b) gehaltlich (c) gleichgestellt.
1. ‚Gleichheit', ‚bezogen auf die Rangstufe/Ordnungsstufe/gesellschaftliche Position', ‚vergleichende Wertung'
2. a – Merkmalsträger/Mensch/Sn
   b – Bezugsgröße/Mensch/pS (mit)
   (c) – Bezugsobjekt/Abstr/pS (in bezug auf), Adv
   Anm.: Häufig werden die beiden ersten Aktanten zusammengefaßt: Die zwei Arbeiter/Kurt und Klaus/die Redakteure sind rechtlich gleichgestellt.
3. prädikativ:
   Das neue Mitglied/der Absolvent ist mit seinen Kollegen rechtlich gleichgestellt. Er ist mit den Nachwuchswissenschaftlern/den erfahrenen Praktikern fi-

nanziell gleichgestellt. Er ist mit ihm in bezug auf die Vollmachten/juristisch gleichgestellt.
attributiv:
der mit dem Assistenten finanziell gleichgestellte Aspirant

hörig (Komparation nicht üblich)

Der verliebte Mann (a) ist der attraktiven Frau (b) hörig.

1. ‚Abhängigkeit', ‚durch inneren Zwang bedingte Bereitschaft zur bedingungslosen Unterordnung', ‚Bereitschaft zur Dienstleistung', ‚völliger Verzicht auf eigenen Willen'
2. a – Merkmalsträger/Mensch/Sn
   b – Bezugsgröße/Mensch, Abstr (Lehre)/Sd
3. prädikativ:
Der Künstler ist seinem Mäzen hörig. – Er ist der Frau/dem Anführer hörig. Er ist der neuen Lehre/dem Dogma hörig.
attributiv:
die dem Mann hörige Frau

Anmerkung:
In der Bedeutung ‚unfrei', ‚leibeigen', ‚dem Feudalherren zu Leistungen verpflichtet' kommt *hörig* einwertig vor:
Im Mittelalter gab es viele hörige Bauern.

leibeigen (nicht komparierbar)

Im Mittelalter waren die meisten Bauern (a) leibeigen.

1. ‚Abhängigkeit', ‚völlige Unterordnung unter den Feudalherren', ‚weitestgehend rechtlos', ‚unfrei' (Historismus)
2. a – Merkmalsträger/Mensch/Sn
3. prädikativ:
Die meisten Bauern/Handwerker waren im Mittelalter leibeigen.
attributiv:
der leibeigene Bauer

schuldig (Komparation nicht üblich)

Jürgen (a) ist seinem Freund (b) 50 Mark (c) schuldig.

1. ‚Abhängigkeit', ‚bezogen auf zu erbringende Leistung', ‚moralischer oder materieller Zwang'
2. a – Merkmalsträger/Mensch (Kollektiv, Institution)/Sn
   b – Bezugsgröße/Mensch (Kollektiv, Institution)/Sd
   c – Bezugsobjekt/–Anim, Abstr/Sa
3. nur prädikativ:
Der Student/der Trinker ist ihm noch die Miete schuldig. – Er ist der Mutter/

dem Team / dem Ministerium Rechenschaft schuldig. – Er ist ihm Geld / eine Flasche Wein / Gehorsam / eine Erklärung schuldig.

Anmerkung:
Attributiver Gebrauch nur in Wendungen wie „jemandem die schuldige (= gebührende) Achtung/Rücksicht entgegenbringen", „jemandem den schuldigen Respekt erweisen"

treu (treuer, am treu(e)sten)
Der Seemann (a) ist seiner Frau (b) treu.
1. ‚Bereitschaft zur Aufrechterhaltung der Verbundenheit mit einem Menschen oder einer Idee', ‚bezogen auf Beständigkeit und Zuverlässigkeit', ‚selbstauferlegte Abhängigkeit' / Ggs. *untreu*/
2. a – Merkmalsträger / Mensch / Sn
   (b) – Bezugsgröße / Mensch, Abstr / Sd
   Anm.: Bei a – + Anim/Säugetier fehlt das Merkmal der Bewußtheit: Der Hund ist seinem Herrn treu.
3. prädikativ:
   Sein Freund / Die Frau ist ihm treu. – Er ist dem Freund / der Verlobten treu. Der Demokrat ist seiner Idee / seiner Überzeugung treu.
   attributiv:
   der seiner Frau treue Ehemann
   Anm.: Attributiver Gebrauch auch in Wendungen wie „für treue Dienste", „zu treuen Händen", „eine treue Seele", „in treuem Gedenken"

überlegen (Komparation nicht üblich)
Karin (a) ist Uta (b) in Mathematik (c) überlegen.
1. ‚Leistungsfähigkeit', ‚besser als andere', ‚hoher Grad des Herausragens' /Ggs. *unterlegen*/
2. a – Merkmalsträger / Mensch (Kollektiv, Institution) / Sn
   b – Bezugsgröße / Mensch (Kollektiv, Institution) / Sd
   (c) – Bezugsobjekt / Abstr / pS (an, in), Adv
   Anm.: Die menschliche Leistungsfähigkeit kann auch in Beziehung gesetzt werden zu der eines Tieres oder der einer Maschine. Dann ergeben sich andere Besetzungen von a und b: Der Computer ist dem Schachspieler an Schnelligkeit im Kombinieren überlegen. Der Gladiator ist dem Löwen an Gewandtheit überlegen.
   Auch Tiere oder Geräte/Apparate/Maschinen können zueinander in Beziehung gesetzt werden: Die Antilope ist dem Löwen an Schnelligkeit überlegen. Die modernen Apparate sind den alten technisch weit überlegen.
3. prädikativ:
   Der Mitschüler / die Mathematikerin ist ihm im logischen Denken überlegen. –

Er ist seinem Freund/dem Klassenbesten in Sport überlegen. – Er ist ihm im 100-m-Lauf/an Ausdauer/geistig überlegen.
attributiv:
der dem Konzertmeister an Virtuosität überlegene Solist

unterhaltspflichtig (nicht komparierbar)

Der leibliche Vater (a) ist für die außerehelichen Kinder (b) unterhaltspflichtig.
1. ‚Abhängigkeit', ‚bezogen auf finanzielle Leistungen, die zu erbringen sind', ‚gesetzlich festgelegt'
2. a – Merkmalsträger/Mensch/Sn
   (b) – Bezugsgröße/Mensch/pS (für)
3. prädikativ:
Der Vater/die Mutter ist für das Kind unterhaltspflichtig. – Er ist für den Sohn/die Zwillinge unterhaltspflichtig.
attributiv:
der für die Tochter unterhaltspflichtige Vater

unterlegen (nicht komparierbar)

Der Faustkämpfer (a) war seinem ausländischen Gegner (b) an Gewandtheit (c) unterlegen.
1. ‚Leistungsfähigkeit', ‚geringeres Leistungsvermögen als der andere besitzend', ‚nicht gleichwertig', ‚schwächer als der andere' /Ggs. *überlegen*/
2. a – Merkmalsträger/Mensch (Kollektiv, Institution)/Sn
   b – Bezugsgröße/Mensch (Kollektiv, Institution)/Sd
   (c) – Bezugsobjekt/Abstr/pS (an, in), Adv
Anm.: Das zu „überlegen" Gesagte gilt auch für „unterlegen".
3. prädikativ:
Der Lehrer/die junge Wissenschaftlerin ist ihm im logischen Denken weit unterlegen. – Er ist seinem Bruder/seiner Freundin in jeder Beziehung unterlegen. – Er ist ihm an Schnelligkeit/moralisch unterlegen.
attributiv:
der dem Favoriten an Erfahrung unterlegene Kontrahent

untertan (nicht komparierbar)

Der Lehnsmann (a) war dem Lehnsherrn (b) untertan.
1. ‚Abhängigkeit', ‚vollständige (ökonomische, rechtliche) Unterwerfung'
2. a – Merkmalsträger/Mensch/Sn
   b – Bezugsgröße/Mensch/Sd
3. nur prädikativ:
Der Bauer im Mittelalter war dem Feudalherrn untertan. – Er war dem König/dem Lehnsherrn/dem Gutsbesitzer untertan.

Anmerkung:
Auch in Wendungen mit *machen* ist *untertan* gebräuchlich:
Der Mensch macht sich die Natur/die Technik untertan.

verbunden (Komparation nicht üblich)

Der Sohn (a) ist dem Vater (b) sehr (c) verbunden.
1. ‚Abhängigkeit', ‚Dankbarkeit', ‚sich zur Gegenleistung verpflichtet fühlend'
   /geh. veraltend/
2. a – Merkmalsträger/Mensch/Sn
   b – Bezugsgröße/Mensch/Sd
   (c) – Bezugsobjekt/Abstr/Adv
3. nur prädikativ:
   Der Doktorand/der Mitarbeiter/die Genesende ist ihm äußerst verbunden. –
   Er ist dem Betreuer/dem Arzt eng verbunden. – Er ist ihm sehr/innig/freundschaftlich verbunden.

verpflichtet (Komparation nicht üblich)

Der Autor (a) ist dem Lektor (b) zu Dank (c) verpflichtet.
1. ‚Abhängigkeit', ‚(moralischer) Zwang hinsichtlich zu erbringender Leistung'
2. a – Merkmalsträger/Mensch (Kollektiv, Institution)/Sn
   b – Bezugsgröße/Mensch (Kollektiv, Institution)/Sd
   (c) – Bezugsobjekt/Abstr/pS (zu)
3. prädikativ:
   Der Schüler/die Absolventin ist ihm zu Dank verpflichtet. – Er ist dem Trainer/dem Team zu Dank verpflichtet. – Er ist ihm zur Hilfeleistung/zu Dank verpflichtet.
   attributiv:
   der seinem Freund zu Dank verpflichtete junge Mann

Übungen

1. *gleichgestellt – treu – verbunden – gewachsen – gehorsam*
   Welches Adjektiv wählen Sie?

   1) Peter ist seinem Freund in Astronomie ...
   2) Da ihr Freund sie in der kritischen Zeit selbstlos unterstützt und immer zu ihr gehalten hat, ist sie ihm sehr ...
   3) In den zwanzig gemeinsamen Ehejahren ist der Ehemann seiner Frau immer ... gewesen.
   4) Die beiden Sekretärinnen sind finanziell ...
   5) Die brave Schülerin ist der Lehrerin ...

6) Der junge Staatsanwalt war dem gewandten Verteidiger des Angeklagten in der Argumentation in jeder Beziehung ...
7) Trotz langer Trennung ist die attraktive junge Frau ihrem Mann ...

2. *verpflichtet – unterhaltspflichtig – schuldig – abhängig – hörig*
   Welches Adjektiv wählen Sie?
   1) Der Student ist seiner Wirtin noch die Miete vom vergangenen Monat ...
   2) Trotz seiner 25 Jahre ist Hans noch immer von seinen Eltern finanziell ...
   3) Der junge Mann ist für zwei uneheliche Kinder ...
   4) In der Literatur gibt es zahlreiche Beispiele dafür, daß ein verliebter Mann einer attraktiven, leichtlebigen Frau ... ist.
   5) Solange die Tochter die Berufsausbildung noch nicht abgeschlossen hat, ist sie von ihren Eltern wirtschaftlich ...
   6) Der Vater ist für die Kinder solange ..., bis sie ihre wirtschaftliche Selbständigkeit erreicht haben.
   7) Der erst nach Mitternacht nach Hause gekommene minderjährige Sohn ist seinen Eltern eine Erklärung ...
   8) Der erfolgreiche Sportler ist seinem Trainer zu Dank ...
   9) In dem Film wird erklärt, warum die junge Frau dem wenig attraktiven Mann ... ist.

3. Ergänzen Sie das passende Adjektiv dieses Wortfeldes!
   1) Zwei Assistenten, die die gleiche gesellschaftliche Stellung innehaben und das gleiche Gehalt bekommen, sind gesellschaftlich und finanziell ...
   2) Eine Frau, die im Beruf das gleiche leistet wie ein Mann, ist ihren männlichen Kollegen beruflich jederzeit ...
   3) Ein Mädchen, das in Mathematik besser ist als die anderen Schüler, ist ihnen in diesem Fach ...
   4) Ein Mann, der seine Frau nicht betrügt, ist ihr ...
   5) Ein Mensch, der sich einem anderen bedingungslos unterwirft, ist ihm ...
   6) Ein Mensch, der sich bereitwillig einem anderen völlig fügt, ist ...
   7) Ein Mensch, der für seine Kinder Unterhalt zu zahlen hat, ist für sie ...
   8) Ein Mensch, der darauf angewiesen ist, von einem anderen regelmäßig Geld zum Leben zu bekommen, ist von ihm finanziell ...
   9) Ein Mensch, der bereitwillig das befolgt, was der Erziehungsberechtigte angewiesen hat, ist ...

4. Welche der folgenden Adjektive sind komparierbar, welche nicht?

   verbunden – abhängig – verpflichtet – unterhaltspflichtig – hörig – gehorsam – überlegen – schuldig – gewachsen – treu

5. Bei welchen der folgenden Adjektive wird der 3. Aktant häufig sprachlich realisiert, bei welchen nicht?
   Ordnen Sie die Adjektive diesen zwei Gruppen zu!

   unterhaltspflichtig – überlegen – abhängig – gehorsam – gefügig – gewachsen – gleichgestellt – treu – schuldig – verpflichtet – untertan – verbunden

6. Von welchen der folgenden Adjektive lassen sich Antonyme mit dem Präfix *un-* bilden, die semantisch zu den Adjektiven dieses Wortfeldes passen?

überlegen – abhängig – gewachsen – verbunden – gehorsam – treu – schuldig – untertan – hörig – gefügig

7. Wie lauten die Substantive, die sich von den folgenden Adjektiven ableiten lassen?

gehorsam – überlegen – abhängig – unterhaltspflichtig – leibeigen – verpflichtet – verbunden – treu

8. Mit welchen Verben sind die folgenden Adjektive verwandt?

gleichgestellt – gewachsen – abhängig – gehorsam – schuldig – gefügig – hörig

Verwandtschaft und Bekanntschaft

Zu diesem Wortfeld werden alle jene Adjektive gezählt, die die Beziehungen zwischen Menschen bezeichnen, die durch direkte oder indirekte Abstammung, durch die juristische Sanktionierung bestimmter zwischenmenschlicher Verbindungen und sich daraus ergebender Beziehungen, durch bestimmte geistige und charakterliche Ähnlichkeit oder durch freundschaftliche Beziehungen miteinander verbunden sind.

Die Mehrzahl dieser Adjektive, die vielfach die Form von Perfektpartizipien haben, sind logisch zweiwertig: Sie charakterisieren das Verhältnis zwischen dem Merkmalsträger und der Bezugsgröße; meist wird aber nur der Merkmalsträger sprachlich realisiert, selten die Bezugsgröße.

Bei einigen Adjektiven (*befreundet, verheiratet, verlobt, verschwägert, verwandt* + Komposita) können die beiden Aktanten syntaktisch zusammengefaßt und durch *und* verbunden werden; das Verb steht dann im Plural. Bei *verheiratet* und *verlobt* muß *miteinander* zur Monosemierung hinzutreten, bei *befreundet* und *verschwägert* kann es zur Verstärkung der Aussage verwendet werden, bei *verwandt* und den Komposita ist *miteinander* nicht üblich. Die Adjektive dieses Wortfeldes sind nicht komparierbar.

Übersicht über das Wortfeld

1. allgemein: verwandt, bekannt
2. ‚naturgegebene Beziehung': blutsverwandt, verschwistert
3. ‚nach eigener Entscheidung entstandene Beziehung:
3.1. ‚ohne juristische Entscheidung': befreundet, verlobt

3.2. ‚mit juristischer Zustimmung': verheiratet
3.3. ‚sich aus diesem Rechtsakt ergebende Beziehung': angeheiratet, außerehelich, ehelich, unehelich, verschwägert
4. ‚unterbrochene Beziehung':
4.1. allgemein: alleinstehend
4.2. ‚(noch) nicht aufgenommene Beziehung': ledig, unverheiratet
4.3. ‚durch juristische Entscheidung': geschieden
4.4. ‚durch Ableben der Bezugsperson': verwaist, verwitwet
5. ‚sich aus der Geisteshaltung/Wesensart ergebende Beziehung': geistesverwandt, gleichgesinnt, seelenverwandt, wesensverwandt

Beschreibung der Adjektive

alleinstehend (nicht komparierbar)

Alleinstehende ältere Menschen (a) fühlen sich oft einsam.

1. ‚ohne Ehepartner lebend', ‚vor Aufnahme bzw. nach Beendigung bestimmter zwischenmenschlicher Beziehungen (bezogen auf die Ehe)', ‚schon älter', ‚mit eigenem Hausstand'
2. a – Merkmalsträger/Mensch/Sn
3. prädikativ:
   Der Apotheker/die Mitarbeiterin/Frau Müller ist alleinstehend.
   attributiv:
   die alleinstehende Frau

angeheiratet (nicht komparierbar)

Paul ist mein angeheirateter Neffe (a).

1. ‚durch Eheschließung auf den neuen Partner übertragene verwandtschaftliche Beziehung'
2. a – Merkmalsträger/Mensch (Verwandtschaftsbezeichnung)/S
   Anm.: Die Bezugsgröße kann durch ein Possessivpronomen als Attribut sprachlich realisiert werden.
3. nur attributiv:
   Ihr angeheirateter Onkel/seine angeheiratete Kusine kam zu Besuch. Auch angeheiratete Kinder sind erbberechtigt.

außerehelich (nicht komparierbar)

Das außereheliche Kind (a) wird im Testament des Vaters besonders bedacht.

1. ‚vor bzw. außerhalb der Ehe geboren'/vorwiegend offiziell/
2. a – Merkmalsträger/Mensch (Kind, Sohn, Tochter)/S
3. meist attributiv:
   außereheliche Beziehungen

befreundet (nicht komparierbar)

Die dänische Schriftstellerin Karin Michaelis (a) war mit Helene Weigel (b) befreundet.
1. ‚in Freundschaft verbunden', ‚gut bekannt/vertraut'
2. a – Merkmalsträger 1/Mensch (Kollektiv)/Sn
   b – Merkmalsträger 2/Mensch (Kollektiv)/pS (mit)
   a+b – Merkmalsträger/Menschen/Sn (Plural, Reihe)
3. prädikativ:
Mein Bruder/die Nachbarin/Manuela ist mit uns befreundet. – Er ist mit dem Kraftfahrer/ihrer Tochter befreundet. Manuela und der Kraftfahrer sind (miteinander) befreundet.
attributiv:
das mit meiner Tochter befreundete Mädchen

*bekannt*₁ (nicht komparierbar)

Unser Nachbar (a) ist mit dem jungen Maler (b) bekannt.
1. ‚persönlich näher kennend', ‚guten Kontakt habend'
2. a – Merkmalsträger/Mensch/Sn
   b – Bezugsgröße/Mensch (Kollektiv)/pS (mit)
3. prädikativ:
Herr Müller/die Direktorin ist mit ihm bekannt. – Er ist mit dem Geschäftsinhaber/der Tänzerin/ihrer Tochter bekannt.
attributiv:
der mit dem Schriftsteller bekannte Lehrer

Anmerkung:
In der Bedeutung ‚Kenntnisse besitzend' läßt sich *bekannt* auch mit Gegenstandsbezeichnungen und mit Abstrakta verbinden:
Er ist mit den Kunstschätzen/dem Bauwerk bekannt.
Er ist mit den Örtlichkeiten/den Problemen bekannt.

blutsverwandt (nicht komparierbar)

Ingrid (a) ist mit Jürgen (b) blutsverwandt.
1. ‚naturgegebene/durch Abstammung bedingte verwandtschaftliche Beziehung'
2. a – Merkmalsträger 1/Mensch (Kollektiv)/Sn
   b – Merkmalsträger 2/Mensch (Kollektiv)/pS (mit)
   a+b – Merkmalsträger/Menschen (Kollektiv)/Sn (Plural, Reihe)
3. prädikativ:
Klaus ist mit Christian blutsverwandt. Martin und Beate sind blutsverwandt. Die beiden Indianerstämme sind blutsverwandt.
attributiv:
der mit mir blutsverwandte junge Mann

ehelich (nicht komparierbar)

Norberts eheliche Tochter (a) versteht sich gut mit seinem außerehelichen Sohn.
1. ‚aus einer Ehe hervorgegangen'/Ggs. *unehelich, außerehelich* /
2. a – Merkmalsträger/Mensch (jung)/S
3. attributiv:
Er hat ebensoviele eheliche wie uneheliche Kinder.

Anmerkung:
In der Bedeutung ‚die Ehe betreffend', ‚in einer Ehe' verbindet sich *ehelich* immer mit Abstrakta:
die ehelichen Rechte und Pflichten, das eheliche Glück

geschieden (nicht komparierbar)

Norbert (a) ist seit einem Jahr von dieser Frau (b) geschieden.
1. ‚durch juristische Entscheidung unterbrochene verwandtschaftliche Beziehung', ‚aufgelöste Ehe'
2. a – Merkmalsträger/Mensch (volljährig)/Sn
   (b) – Bezugsgröße/Mensch (volljährig, andersgeschlechtlich/pS (von) /selten/
3. prädikativ:
Der bekannte Schauspieler/seine Tochter ist geschieden.
attributiv:
die geschiedene Sekretärin

geistesverwandt (nicht komparierbar)

Bettina von Arnim (a) fühlte sich mit Goethe (b) geistesverwandt.
1. ‚weitgehend gleiche Ansichten/Anschauungen habend', ‚sich geistig sehr nahe stehend'
2. a – Merkmalsträger 1/Mensch (erwachsen)/Sn
   b – Merkmalsträger 2/Mensch (erwachsen)/pS (mit)
   a+b – Merkmalsträger/Mensch (erwachsen)/Sn (Plural, Reihe)
3. prädikativ:
Gottfried Keller war mit Theodor Storm geistesverwandt./Keller und Storm waren geistesverwandt. Wer ist schon mit dir geistesverwandt?
attributiv:
die geistesverwandten Dichter

gleichgesinnt (nicht komparierbar)
= ‚gleiche Ansichten habend', ‚in den Ansichten übereinstimmend' s. *geistesverwandt*

ledig (nicht komparierbar)

Die junge Ärztin (a) ist ledig.

1. ‚nicht verheiratet' (Ausdruck eines sozialen Status, bezogen auf die eheliche Verbindung) / Ggs. *verheiratet* /
2. a – Merkmalsträger / Mensch (volljährig) / Sn
3. prädikativ:
Sein Sohn / die junge Künstlerin / Fräulein Schulz ist (noch) ledig.
attributiv:
der ledige junge Mann

seelenverwandt (nicht komparierbar)

Bald stellte Wilhelm fest, daß er (a) mit ihm (b) seelenverwandt war.

1. ‚im Psychischen (Fühlen, Erleben) weitgehend übereinstimmend', ‚starke innerliche Verbundenheit empfindend bzw. konstatierend'
2. a – Merkmalsträger 1 / Mensch (erwachsen) / Sn
   b – Merkmalsträger 2 / Mensch (erwachsen) / pS (mit)
   a+b – Merkmalsträger / Menschen (erwachsen) / Sn (Plural, Reihe)
3. prädikativ:
Der junge Mann ist mit seinem Freund seelenverwandt. Die beiden Dichter fühlten sich seelenverwandt.
attributiv:
die beiden seelenverwandten Musiker

unehelich (nicht komparierbar)

Monikas älteste Tochter (a) ist unehelich.

1. ‚vor bzw. außerhalb der Ehe geboren' / Ggs. *ehelich* /
2. a – Merkmalsträger / Mensch (jung) / S
3. prädikativ:
Der erste Sohn / ihr Ältester / seine Tochter ist unehelich.
attributiv:
das uneheliche Kind
Anm.: In der Verbindung „eine uneheliche Mutter" liegt eine Verkürzung aus „Mutter eines unehelichen Kindes" vor.

unverheiratet (nicht komparierbar)
= *ledig*

verheiratet (nicht komparierbar)

Mein Bruder (a) ist mit der Schwester (b) meines Freundes verheiratet.

1. ‚ehelich gebunden', ‚hergestellte verwandtschaftliche Beziehung durch juristische Entscheidung' / Ggs. *unverheiratet* /

2. a   – Merkmalsträger 1 / Mensch (volljährig) / Sn
   (b) – Merkmalsträger 2 / Mensch (volljährig, andersgeschlechtlich) / pS (mit)
3. prädikativ:
Uwe / sein Freund / der Student ist mit Christa verheiratet. – Er ist mit einer Ärztin / seiner Jugendliebe / einer Polin verheiratet. – Uwe und Christa sind miteinander verheiratet.
attributiv:
der mit einer Amerikanerin verheiratete Wissenschaftler
Anm.: Der Satz „Horst und Elke sind verheiratet." kann zwei Bedeutungen haben:
    (1) Horst ist mit Elke verheiratet.
    (2a) Horst ist mit jemandem, aber nicht mit Elke verheiratet.
    (2b) Elke ist mit jemandem, aber nicht mit Horst verheiratet.
Die Monosemierung wird durch *miteinander* bzw. durch den Kontext erreicht.

verlobt (nicht komparierbar)
Andrea (a) ist mit Martin verlobt.
1. ‚Bekräftigung des Versprechens auf künftige Ehe durch den Austausch von (Verlobungs-)Ringen', ‚ohne Rechtskraft', ‚nur familiär'
2. a   – Merkmalsträger 1 / Mensch (volljährig) / Sn
   (b) – Merkmalsträger 2 / Mensch (volljährig, andersgeschlechtlich) / pS (mit)
3. prädikativ:
Sein Bruder / der Student ist mit meiner Schwester verlobt. – Er ist mit der Verkäuferin / der hübschen Blondine verlobt.
attributiv:
nicht üblich
Anm.: s. Anmerkung von *verheiratet*

verschwägert (nicht komparierbar)
Die Zeugin (a) ist mit dem Angeklagten (b) nicht verschwägert.
1. ‚durch Heirat mit den Geschwistern des Ehepartners verwandt'
2. a   – Merkmalsträger 1 / Mensch / Sn
   b   – Merkmalsträger 2 / Mensch / pS (mit)
   a+b – Merkmalsträger / Menschen / Sn (Plural, Reihe)
3. prädikativ:
Der Geschäftsinhaber ist mit der Verkäuferin verschwägert. Sind Sie miteinander verschwägert? Die beiden Zeugen sind verschwägert.
attributiv:
die miteinander verschwägerten Sportler

verschwistert (nicht komparierbar) /selten/
Durch Zufall stellten die beiden Freunde fest, daß sie (a) verschwistert waren.

1. ‚verwandtschaftliche Beziehungen auf Grund gemeinsamer Eltern'
2. a – Merkmalsträger/Mensch/Sn (Plural)
3. prädikativ:
Erst nach Jahren wurde bekannt, daß sie verschwistert waren.
attributiv:
das verschwisterte Herrscherpaar

verwaist (nicht komparierbar)

Seit seinem fünften Lebensjahr ist der Junge (a) verwaist.

1. ‚die Eltern verloren habend', ‚elternlos'
2. a – Merkmalsträger/Mensch (jung)/Sn
3. prädikativ:
Das Kind/das Mädchen ist verwaist.
attributiv:
das verwaiste Kind

Anmerkung:
Außerdem kommt *verwaist* noch in den Bedeutungen ‚einsam' (1), ‚verlassen' (2) und ‚nicht besetzt' (3) vor:
(1) Als er alt geworden war, war er völlig verwaist.
(2) Das Dorf war verwaist; die Bewohner waren in andere Gegenden gezogen.
(3) Noch immer ist der Lehrstuhl für Anglistik verwaist.

verwandt (nicht komparierbar)

Der Zeuge (a) ist mit der Angeklagten (b) nicht verwandt.

1. ‚durch Abstammung oder durch Heirat gegebene Beziehung'
2. a – Merkmalsträger 1/Mensch/Sn
   b – Merkmalsträger 2/Mensch/pS (mit)
   a+b – Merkmalsträger/Menschen/Sn (Plural, Reihe)
3. prädikativ:
Der Schriftsteller/die Ärztin ist mit der Schauspielerin verwandt. – Er ist mit dem Intendanten/der Weltmeisterin verwandt. Die beiden Chorleiter sind verwandt.
attributiv:
die verwandten Künstler

Anmerkung:
Als Merkmalsträger sind auch Tier-, Pflanzen-, Sprachbezeichnungen usw. möglich, d. h. Bezeichnungen für Erscheinungen (Sachverhalte), die einen gemeinsamen Ursprung haben können:
Diese Tiere/Pflanzen/Sprachen sind verwandt. Das Englische ist mit dem Deutschen verwandt.

verwitwet (nicht komparierbar)

Mein Freund (a) ist seit drei Jahren verwitwet.

1. ‚den Ehegatten durch Tod verloren habend'
2. a – Merkmalsträger/Mensch (volljährig)/Sn
3. prädikativ:
Sein Nachbar/meine Freundin/Frau Lehmann ist verwitwet. Er war überrascht, als er in der Todesanzeige las: „Monika Schultze, verwitwete Kriegler".
attributiv:
der verwitwete Handwerksmeister

wesensverwandt (nicht komparierbar)
= ‚in Gesinnung, Lebensführung und Verhalten ähnlich, fast gleich'
s. *geistesverwandt*

Übungen

1. *verheiratet – verlobt – verschwägert – verschwistert – verwandt*
Welches Adjektiv wählen Sie?

    1) Personen, deren eine von der anderen abstammt, sind in gerader Linie ...
    2) Stefan und Claudia waren zwei Jahre ..., bevor sie heirateten.
    3) Cornelia ist seit drei Jahren glücklich ...
    4) Die Verwandten eines Ehegatten sind mit dem anderen Ehegatten ...
    5) Personen, die nicht in gerader Linie ... sind, aber von derselben dritten Person abstammen, sind ...
    6) Da Heinz und Irene seit 25 Jahren miteinander ... sind, feiern sie in diesem Jahr die silberne Hochzeit.
    7) Die Zeugin ist mit dem Angeklagten weder ... noch ...
    8) Karin, seit wann bist du mit Hartmut ...?

2. *befreundet – bekannt – verheiratet – verlobt – verwandt*
Welches Adjektiv wählen Sie?

    1) Seit ihrem gemeinsamen Urlaub am Schwarzen Meer sind die beiden Familien miteinander ...
    2) Seit Mai vergangenen Jahres ist unsere Tochter mit dem ältesten Sohn unseres Nachbarn ...
    3) Da der Literaturwissenschaftler mit der Schriftstellerin gut ... war, gelang es ihm, sie zu einer Lesung an die Hochschule zu holen.
    4) Trotz des gleichen Familiennamens ist Gisela May nicht mit dem bekannten Schriftsteller Karl May ...
    5) Seit frühester Kindheit sind Jürgen, Christian und Sven ...
    6) Friedrich Schiller war mit Johann Wolfgang von Goethe gut ..., man kann schon sagen ...

7) Wie lange warst du mit Knud ..., bevor ihr geheiratet habt?
8) Da der Zeuge mit dem Angeklagten ... war, wurde seine Aussage bei der Urteilsfindung nicht berücksichtigt.

3. *ledig – geschieden – verwaist – verwitwet – unverheiratet*
Welches Adjektiv wählen Sie?

1) Obwohl er schon 30 Jahre alt ist, ist er noch immer ...
2) Seit dem schweren Verkehrsunfall, bei dem Vater und Mutter ums Leben kamen, sind die beiden halbwüchsigen Kinder ...
3) In der Todesanzeige stand: „Minna Lehmann, ... Schultze, geborene Krause".
4) Bisher galt die Ehe unseres Chefs als nahezu mustergültig. Deshalb waren alle überrascht, als sie erfuhren, daß er ... ist.
5) So mancher wundert sich, daß die bildhübsche junge Frau noch immer ... ist.
6) Auf einer Konferenz trafen sich zwei alte Freunde, die lange nichts voneinander gehört hatten. Wie überrascht war der eine, als er erfuhr, daß sein Freund seit einem halben Jahr ... ist, da seine Frau ganz plötzlich gestorben war.
7) Jede Diskriminierung einer ... Mutter und eines außerehelich geborenen Kindes ist abzulehnen.

4. *angeheiratet – außerehelich – ehelich – unehelich – geistesverwandt*

Welches Adjektiv wählen Sie?

1) Das ... Kind ist in gleicher Weise im Testament bedacht worden wie das ...
2) Rolf ist mein ... Schwager, der Mann meiner Schwägerin.
3) Bei einem ... Kind hat allein die Mutter das Erziehungsrecht.
4) Man sagt, daß der sächsische Kurfürst August der Starke mehr ... Söhne und Töchter hatte als ...
5) Trotz unterschiedlicher philosophischer Ansichten waren Goethe und Schiller ...
6) Er verstand sich mit seinem ... Kusin besser als mit seinem eigenen Sohn.

5. Welche der folgenden Adjektive weisen
   a) das Sem ‚naturgegebene Beziehung'
   b) das Sem ‚unterbrochene Beziehung'
   c) das Sem ‚nach eigener Entscheidung entstandene Beziehung' auf? Ordnen Sie die Adjektive den drei Gruppen zu!

   verschwistert – verwitwet – verwaist – verheiratet – versippt – geschieden – befreundet – blutsverwandt – verlobt – bekannt

6. Welche der folgenden Adjektive lassen sich nur mit Aktanten verbinden, bei denen der eine Merkmalsträger das Sem ‚andersgeschlechtlich' (bezogen auf den anderen Merkmalsträger) aufweist?

verheiratet – verwandt – verwaist – verlobt – verwitwet – verschwägert – geschieden – befreundet – geistesverwandt – bekannt

7. Welche der folgenden Substantive können als Bestimmungswort zu dem Adjektiv *verwandt* treten?

    Geist – Blut – Ehe – Gesinnung – Haltung – Überzeugung – Wesen – Erscheinung – Seele

    Bilden Sie die entsprechenden zusammengesetzten Adjektive! Achten Sie auf die Fugenelemente!

8. Mit welchen Adjektiven, die zu diesem Wortfeld gehören, sind die folgenden Substantive verwandt?

    Sippschaft – Bekanntschaft – Verwandtschaft – Witwenschaft – Freundschaft – Verlobung – Scheidung – Verehelichung – Heirat

9. Mit welchen Verben sind die folgenden Adjektive verwandt?

    verheiratet – verlobt – verwaist – befreundet – geschieden – bekannt – verwandt – ehelich

10. Welche Substantive „stecken" in den folgenden Adjektiven?

    befreundet – verheiratet – unehelich – verwaist – verschwägert – verwitwet

11. Mit welchen Personenbezeichnungen sind die folgenden Adjektive verwandt?

    verlobt – verschwägert – verschwistert – verwitwet – verwaist – befreundet – ledig – alleinstehend – verwandt – bekannt

Menschliche Verhaltensweisen

Zu diesem Wortfeld werden alle jene Adjektive gezählt, die die erkennnbare Einstellung eines Menschen bzw. einer Menschengruppe zu einem anderen Menschen bzw. einer anderen Menschengruppe bezeichnen. Berücksichtigt werden außerdem gelegentlich menschliche Verhaltensweisen gegenüber Außermenschlichem.

Die Adjektive dieses Wortfeldes sind zweiwertig: Sie charakterisieren das Verhalten des Merkmalsträgers zu der Bezugsgröße. Logisch gesehen sind immer zwei zueinander in Beziehung tretende Menschen gegeben, sprachlich wird häufig nur der Merkmalsträger realisiert.

Die zweiwertigen Adjektive bilden meist eine der folgenden syntaktischen Grundstrukturen:

(lieb)   Sn – (Kopula) – pS (zu)   oder

(aufmerksam) Sn – (Kopula) – pS (gegenüber) oder
(tolerant) Sn – (Kopula) – pS (gegen) oder
(behilflich) Sn – (Kopula) – Sd

Gelegentlich sind mehrere Präpositionen bei gleicher Semantik (aber anderem Kasus) möglich.

Übersicht über das Wortfeld

1. ‚auf Gerechtigkeitssinn basierende Verhaltensweise'
1.1. positiv: gerecht, unparteiisch
1.2. negativ: ungerecht, parteiisch
2. ‚auf Hilfsbereitschaft basierende Verhaltensweise'
2.1. positiv: behilflich, hilfsbereit, hilfreich, gefällig, entgegenkommend, zuvorkommend, aufmerksam, barmherzig, edelmütig, großzügig, freigebig/freigiebig
2.2. negativ: abweisend, ungefällig, unaufmerksam, unbarmherzig, kleinlich, geizig
3. ‚auf Gemeinschaftsgefühl basierende Verhaltensweise'
3.1. positiv
3.1.1. allgemein: freundlich, höflich, lieb, nett, taktvoll, rücksichtsvoll, tolerant
3.1.2. intensiv: liebenswürdig, liebevoll, gütig, ehrfurchtsvoll, galant
3.2. negativ
3.2.1. allgemein: unfreundlich, unhöflich, ungezogen, frech, böse, rücksichtslos, intolerant
3.2.2. intensiv: lieblos, häßlich, bösartig, boshaft, herzlos, gehässig, gemein, ruppig, grob, grausam, brutal, unverschämt

Beschreibung der Adjektive

abweisend (abweisender, am abweisendsten)
Der Einheimische (a) ist dem hilfesuchenden Urlauber (b) gegenüber abweisend.
1. ‚nicht vorhandene Hilfsbereitschaft', ‚entschiedenes Ablehnen des Begehrens', ‚unfreundlich'
2. a – Merkmalsträger/Mensch/Sn
   (b) – Bezugsgröße/Mensch (Kollektiv)/pS (gegenüber)
3. prädikativ:
Der Schauspieler/die Oberschwester/die Einlaßkontrolle ist ihnen gegenüber abweisend. – Er ist dem Reporter/dem Einlaßsuchenden/der Schulklasse gegenüber abweisend. Der Eigenbrötler wurde immer abweisender gegenüber den Nachbarn.

attributiv:
der dem Kraftfahrer gegenüber abweisende Autoschlosser
Anm.: Dazu auch „ein abweisendes Gesicht machen, eine abweisende Antwort geben, etwas in abweisendem Ton sagen".

aufmerksam (aufmerksamer, am aufmerksamsten)

Der junge Mann (a) ist seiner Freundin (b) gegenüber immer sehr aufmerksam.

1. ‚als angenehm empfundene Umgangsform', ‚den allgemeinen Normen entsprechend', ‚auf das Wohl des anderen bedacht', ‚hilfreich', ‚zuvorkommend'/Ggs. *unaufmerksam/*
2. a – Merkmalsträger/Mensch/Sn
   (b) – Bezugsgröße/Mensch/pS (gegenüber)
3. prädikativ:
Der Ehemann/der Liebhaber/die Gastgeberin ist ihr gegenüber außerordentlich aufmerksam. – Er ist seiner Frau/seiner Mitarbeiterin/dem Verhandlungspartner gegenüber sehr aufmerksam.
attributiv:
der den Gästen gegenüber sehr aufmerksame Kellner

Anm.: *Aufmerksam* wird meist mit einer Steigerungspartikel gebraucht.

barmherzig (Komparation nicht üblich)

Die Ordensschwester (a) ist barmherzig zu dem gebrechlichen alten Mann (b).

1. ‚innerlich starkes Anteilnehmen an der Not anderer', ‚Mitleid empfindend', ‚helfend aktiv werden', ‚uneigennützig handelnd', ‚hilfsbereit' (häufig aus christlicher Einstellung heraus)
2. a – Merkmalsträger/Mensch/Sn
   (b) – Bezugsgröße/Mensch (in Not/Bedrängnis)/pS (zu, mit)
   Anm.: Der 2. Aktant wird selten sprachlich realisiert.
3. prädikativ:
Der Mönch/der Pfarrer/die Schwester ist barmherzig zu dem Bedürftigen. – Er ist barmherzig zu dem Notleidenden/mit dem Hilfesuchenden.
attributiv:
der barmherzige Mensch; der barmherzige Samariter (bibl.)

behilflich (Komparation nicht üblich)

Der aufmerksame Ehemann (a) ist seiner Frau (b) beim Aussteigen (c) aus der Straßenbahn behilflich.

1. ‚Hilfsbereitschaft', ‚freiwillig oder beauftragt'
2. a – Merkmalsträger/Mensch (Kollektiv)/Sn
   b – Bezugsgröße/Mensch (Kollektiv, Institution)/Sd
   (c) – Bezugsgeschehen/ohne Selektionsbeschränkung/pS (bei), Inf

3. prädikativ:
Der Nachbar/sein Sohn/das Handwerkerteam ist ihm beim Aufstellen des Bungalows behilflich. – Er ist seinem Freund/der Kassiererin/der Familie/der Firma bei der Abrechnung behilflich. – Er ist ihm bei der Apfelernte behilflich. Er ist ihm behilflich, das Auto in die Werkstatt zu bringen.
attributiv:
der ihm beim Umzug behilfliche Freund

bösartig (bösartiger, am bösartigsten)

Die Königin (a) im Märchen war bösartig gegenüber Schneewittchen (b).
1. ‚aus niedrigen Beweggründen feindselig handelnd', ‚bewußt einem anderen Schaden zufügen wollend'
2. a – Merkmalsträger/Mensch/Sn
   (b) – Bezugsgröße/Mensch, Tier/pS (zu)
3. prädikativ:
Der junge Mann/der Asoziale/der zum Äußersten Gereizte ist bösartig. – Er ist bösartig zu seinem Kollegen/seiner Frau/der Katze des Nachbarn.
attributiv:
der bösartige Kumpan

böse$_1$ (böser, am bösesten)

Das verwöhnte Einzelkind (a) ist böse zu dem kranken Mädchen (b).
1. ‚feindselig handelnd', ‚den anderen bewußt kränkend/verletzend'
2. a – Merkmalsträger/Mensch/Sn (nicht 1. Person)
   b – Bezugsgröße/Mensch, Tier/pS (zu)
3. prädikativ:
Klaus/der Stiefvater/das Mädchen ist böse zu ihm. – Er ist böse zu seinen Geschwistern/dem kleinen Hund.
attributiv:
der zu seiner Mutter böse Junge

böse$_2$ (böser, am bösesten)

Der Egoist (a) ist böse auf seine Mitmenschen (b).
1. ‚feindselig eingestellt/gestimmt', ‚Groll hegend', ‚zu feindseligen Handlungen neigend'
2. a – Merkmalsträger/Mensch/Sn
   b – Bezugsgröße/Mensch (Kollektiv, Institution), Tier/pS (mit, auf), Sd
3. prädikativ:
Der Fahrer/der Passagier/die Mutter ist böse auf ihn. – Er ist böse auf seinen Bruder/auf den Friseur/auf die Versicherungsgesellschaft/auf das Pferd. Er ist seinem Bruder böse.
attributiv:
der böse Bube, der dem strengen Lehrer böse Schüler

boshaft (boshafter, am boshaftesten)

Der Arglistige (a) lachte boshaft.

1. ‚auf den Schaden anderer gerichtete Gesinnung', ‚hämisch'
2. a   – Merkmalsträger / Mensch, Abstr / Sn
3. adverbial:
   Er grinste, lächelte, äußerte sich boshaft.
   attributiv:
   eine boshafte Person, ein boshafter Mensch; eine boshafte Antwort, Bemerkung, ein boshafter Gedanke, Plan, Streich

brutal (brutaler, am brutalsten)

Der Rowdy (a) war brutal zu den Reisenden (b) im Abteil.

1. ‚mit roher Gewalt handelnd', ‚ohne Rücksicht auf andere den eigenen Willen durchsetzend', ‚roh'
2. a   – Merkmalsträger / Mensch / Sn
   (b) – Bezugsgröße / Mensch, Tier / pS (zu)
3. prädikativ:
   Der Kriminelle / der Halbstarke ist brutal zu ihm. – Er ist brutal zu den Gefangenen / seiner Frau / dem verletzten Pferd.
   attributiv:
   der brutale Schläger
   adverbial:
   Der Hundebesitzer schlug brutal auf sein Tier ein.

edelmütig (edelmütiger, am edelmütigsten)

Winnetou (a) war edelmütig und schenkte dem besiegten Gegner die Freiheit.

1. ‚von edler Gesinnung', ‚selbstlos' /geh./
2. a   – Merkmalsträger / Mensch / Sn
   Anm.: Obwohl *edelmütig* häufig in Verbindung mit einer Handlung gebraucht wird, bezieht es sich doch inhaltlich immer auf den Träger dieser Handlung mit Blick auf den 2. Aktanten, der logisch vorhanden ist, sprachlich aber nicht realisiert wird.
3. adverbial:
   Der Ritter / der Sieger handelte edelmütig. Er verzieh ihm edelmütig.
   attributiv:
   der edelmütige Regent; eine edelmütige Tat

ehrfurchtsvoll (Komparation nicht üblich)

Der Staatsmann (a) legte ehrfurchtsvoll am Grab des Nationalhelden einen Kranz nieder.

1. ‚mit großer Hochachtung', ‚würdevoll', ‚in tiefer Verehrung' /geh./
2. a   – Merkmalsträger / Mensch / Sn

Anm.: Obwohl *ehrfurchtsvoll* häufig in Verbindung mit einer Handlung gebraucht wird, bezieht es sich doch inhaltlich immer auf den Träger dieser Handlung.
3. prädikativ/adverbial:
Die Gläubigen verneigten sich ehrfurchtsvoll. Die Trauergäste erhoben sich ehrfurchtsvoll von ihren Plätzen.
attributiv:
mit ehrfurchtsvoller Miene, in ehrfurchtsvoller Erwartung

entgegenkommend (entgegenkommender, am entgegenkommendsten)

Die Verkäuferin (a) ist dem Kunden (b) gegenüber sehr entgegenkommend.

1. ‚Hilfsbereitschaft', ‚Wunsch/Bitte des anderen bereitwillig erfüllend', ‚freundlich-sachlich', ‚zuvorkommend'
2. a – Merkmalsträger/Mensch (besonders im Dienstleistungsbereich)/Sn
   (b) – Bezugsgröße/Mensch/pS (gegenüber)
3. prädikativ:
Der Taxifahrer/die Bibliothekarin war äußerst entgegenkommend ihm gegenüber und half ihm, das Gesuchte schnell zu finden. – Er war dem Fragenden/dem Fremden gegenüber nicht sehr entgegenkommend.
attributiv:
der sehr entgegenkommende Bankangestellte

Anmerkung:
Entgegenkommend wird meist mit einer Steigerungspartikel gebraucht.

frech (frecher, am frechsten)

Das verwöhnte Kind (a) ist frech zur Großmutter (b).

1. ‚nicht vorhandene Achtung anderen gegenüber', ‚fordernd und anmaßend auftretend', ‚ungezogen'
2. a – Merkmalsträger/Mensch/Sn
   (b) – Bezugsgröße/Mensch/pS (zu)
3. prädikativ:
Der Jugendliche/der Halbstarke/das Mädchen ist frech zu ihm. – Er ist frech zu seinen Eltern/dem Lehrer.
attributiv:
der freche Schüler

freigebig (freigebiger, am freigebigsten)

Der junge Mann (a), der in der Lotterie gewonnen hat, ist freigebig seinen Freunden (b) gegenüber.

1. ‚gern und reichlich gebend', ‚Freude am Schenken empfindend', ‚uneigennützig', ‚großzügig', ‚helfend' /Ggs. *geizig*/

2. a – Merkmalsträger/Mensch/Sn
   (b) – Bezugsgröße/Mensch/pS (gegenüber, gegen)
3. prädikativ:
   Der Gast ist der Kellnerin gegenüber freigebig mit Trinkgeld. – Er war freigebig gegen die Armen/seinen Mitarbeitern gegenüber.
   attributiv:
   der freigebige Freund

freigiebig
= *freigebig*

freundlich (freundlicher, am freundlichsten)

Der Wirt (a) ist immer freundlich zu seinen Gästen (b).

1. ‚im Umgang mit Menschen liebenswürdig', ‚von heiterem Naturell', ‚eine wohltuende Atmosphäre verbreitend', ‚wohlgesinnt' /Ggs. *unfreundlich*/
2. a – Merkmalsträger/Mensch/Sn
   (b) – Bezugsgröße/Mensch/pS (zu, gegenüber, gegen)
3. prädikativ:
   Der Angestellte/der Lehrer/die Verkäuferin ist freundlich zu ihnen. – Er ist freundlich zu den Besuchern/den Kunden gegenüber/gegen seine Kinder.
   attributiv:
   der zu allen freundliche Reiseleiter

galant (Komparation nicht üblich)

Casanova (a) war stets galant zu Damen (b).

1. ‚gefällige Umgangsformen wahrend', ‚sehr höflich und zuvorkommend', ‚liebenswürdig' (besonders Frauen gegenüber)
2. a – Merkmalsträger/Mensch (meist Mann)/Sn
   (b) – Bezugsgröße/Mensch (meist Frau)/pS (zu, gegenüber, gegen)
3. prädikativ:
   Der junge Mann/der Gastgeber ist galant zu den hübschen Frauen auf der Party. – Er ist galant zu seiner Tanzstundendame/seiner Frau gegenüber/gegen die Herrin des Hauses.
   attributiv:
   der galante Reisebegleiter

gefällig (gefälliger, am gefälligsten)

Die Schüler (a) waren ihrem Lehrer (b) gern gefällig und halfen ihm die vielen Blumen und Geschenke nach Hause tragen.

1. ‚Hilfsbereitschaft', ‚uneigennützig', ‚aus innerem Bedürfnis dem anderen zum Nutzen handelnd', ‚bereitwillig' /Ggs. *ungefällig*/

2. a – Merkmalsträger/Mensch/Sn
   (b) – Bezugsgröße/Mensch/Sd
3. prädikativ:
Der Elektromonteur/die Verkäuferin ist dem Kunden gefällig. – Er ist dem Autofahrer/der Hilfesuchenden gefällig.
attributiv:
der gefällige Hausbewohner

gehässig (gehässiger, am gehässigsten)

Der verschmähte Liebhaber (a) wurde immer gehässiger zu der jungen Frau (b).

1. ‚mit böser Absicht aus moralisch niedrigen Beweggründen handelnd', ‚auf (materielle oder moralische) Schädigung eines (oft ehemals nahestehenden) Menschen bedacht', ‚bösartig'
2. a – Merkmalsträger/Mensch/Sn
   (b) – Bezugsgröße/Mensch/pS (zu)
3. prädikativ:
Der Kalfaktor/der Sadist/die verbitterte Frau ist gehässig zu ihm. – Er ist gehässig zu seiner ehemaligen Freundin/seinen Mithäftlingen/seinen Gartennachbarn.
attributiv:
der gehässige Mitarbeiter

geizig (geiziger, am geizigsten)

Es gibt Männer (a), die sind ihren Frauen (b) gegenüber so geizig, daß sie fast krank werden, wenn sie eine größere Anschaffung machen und Geld ausgeben müssen.

1. ‚nicht vorhandene Bereitschaft, einem anderen etwas (vorwiegend Geld) zu geben', ‚ängstlich auf das Zusammenhalten der eigenen materiellen Güter (vorwiegend Geld) bedacht', ‚übertrieben sparsam' /Ggs. *freigebig*/
2. a – Merkmalsträger/Mensch/Sn
   (b) – Bezugsgröße/Mensch/pS (gegenüber)
Anm.: Der 2. Aktant wird sprachlich kaum realisiert.
3. prädikativ:
Der Nachbar/meine Tante ist überaus geizig.
attributiv:
der geizige Hausbesitzer

gemein (gemeiner, am gemeinsten)

Der Egoist (a) ist gemein zu seinen Mitmenschen (b).

1. ‚Mißbrauch des Vertrauens anderer Menschen zum eigenen Vorteil', ‚aus moralisch niedrigen Beweggründen handelnd', ‚anderen Menschen (großen) Schaden zufügend'

2. a – Merkmalsträger/Mensch/Sn
   (b) – Bezugsgröße/Mensch/pS (zu)
3. prädikativ:
   Der Eroberer/der Anführer/der Karrierist ist gemein zu anderen. – Er ist gemein zu den Besiegten/seinen Mitarbeitern.
   attributiv:
   der gemeine Aufseher

gerecht (Komparation nicht üblich)

Der Vater (a) ist gerecht zu seinen Kindern (b).

1. ‚mit Gerechtigkeitssinn handelnd/urteilend', ‚für die Wahrheit und das Recht eintretend', ‚unparteiisch' /Ggs. *ungerecht*/
2. a – Merkmalsträger/Mensch/Sn
   (b) – Bezugsgröße/Mensch/pS (zu, gegenüber)
   Anm.: a und b müssen semantisch korrespondieren:
       Der Handwerksmeister ist gerecht zu seinem Lehrling.
3. prädikativ:
   Der Direktor/die Mutter/Renate ist gerecht zu ihm. – Er ist gerecht zu dem Schüler/dem Spieler gegenüber.
   attributiv:
   die gerechte Mutter; die gerechte Strafe/Entlohnung
   Anm.: Bei attributivem Gebrauch ist a = Abstr möglich:
       das gerechte Urteil

grausam (grausamer, am grausamsten)

Der Eroberer (a) war grausam gegenüber den Besiegten (b).

1. ‚ohne Erbarmen/Rücksicht gegen Menschen und Tiere vorgehend', ‚andere quälend', ‚roh/brutal/unmenschlich handelnd', ‚Macht mißbrauchend'
2. a – Merkmalsträger/Mensch/Sn
   (b) – Bezugsgröße/Mensch (Kollektiv), Tier/pS (zu, gegenüber)
3. prädikativ:
   Die Entführer waren grausam zu den Geiseln. – Er war grausam zu den Häftlingen/der Mannschaft. Der Knecht war grausam dem Pferd gegenüber.
   adverbial:
   Er hat grausam an den Tieren gehandelt.
   attributiv:
   der grausame Herrscher

grob (gröber, am gröbsten)

Der Vater (a) war grob zu seinen Kindern (b).

1. ‚nicht vorhandenes Feingefühl', ‚auf andere (auch unbeabsichtigt) verletzend wirkend', ‚gegen die Norm zwischenmenschlicher Beziehung verstoßend', ‚nicht zart' /übertr/

2. a – Merkmalsträger/Mensch/Sn
   (b) – Bezugsgröße/Mensch/pS (zu, gegenüber, gegen)
3. prädikativ:
   Der Ehemann/die Tochter war grob zu ihr. – Er war grob zu seiner Mitarbeiterin/seinem Freund gegenüber/gegen seine Frau.
   attributiv:
   der grobe Mensch, Kerl

großzügig (großzügiger, am großzügigsten)

Der Vater (a) ist großzügig seinen Kindern (b) gegenüber, doch sie danken es ihm nicht.

1. ‚nicht kleinlich im Denken und Handeln', ‚sich über Kleinigkeiten/ Unwesentliches hinwegsetzend', ‚uneigennützig handelnd', ‚freigebig' /Ggs. *kleinlich*/
2. a – Merkmalsträger/Mensch (Institution)/Sn
   (b) – Bezugsgröße/Mensch/pS (zu, gegenüber)
3. prädikativ:
   Der Freund/Kunstliebhaber/die Firma ist großzügig ihm gegenüber. – Er ist großzügig zu dem jungen Künstler/dem Verhandlungspartner gegenüber.
   attributiv:
   der großzügige Liebhaber

gütig (Komparation nicht üblich)

Nathan der Weise (a) war gütig zu allen seinen Mitmenschen (b).

1. ‚von selbstloser liebevoller Freundlichkeit, Geduld und Nachsicht', ‚innerlich ausgeglichen', ‚über den Dingen stehend'
2. a – Merkmalsträger/Mensch/Sn
   (b) – Bezugsgröße/Mensch/pS (zu)
3. prädikativ:
   Der alte Lehrer/die weise Großmutter ist gütig zu ihm. – Er ist gütig zu seinem mißratenen Sohn/den Kindern/dem Hilfesuchenden.
   attributiv:
   die zu den Kindern gütige Mutter; ein gütiges Herz haben

häßlich (häßlicher, am häßlichsten)

Konrad (a) ist oft sehr häßlich zu seinem kleinen Bruder (b).

1. ‚moralisch verwerflich/verabscheuenswürdig handelnd', ‚anderen bewußt Schmerz bereitend', ‚boshaft' /übertr/
2. a – Merkmalsträger/Mensch/Sn
   b – Bezugsgröße/Mensch, Tier/pS (zu)
3. prädikativ:
   Der Junge/der Leiter/die Stiefmutter ist häßlich zu ihm. – Er ist häßlich zu seiner Mutter/dem alten Mann/der Katze.

attributiv:
der zu seiner Schwester häßliche Junge

herzlos (Komparation nicht üblich)

Die Stiefmutter (a) ist herzlos zu den angeheirateten Kindern (b).

1. ‚ohne Mitgefühl und menschliche Wärme', ‚ohne Liebe', ‚unnahbar'
2. a – Merkmalsträger/Mensch/Sn
   (b) – Bezugsgröße/Mensch/pS (zu)
3. prädikativ:
Der Beamte/der Verwalter/die Leiterin war herzlos zu ihm. – Er ist herzlos zu den Kindern/den alten Leuten/dem Bittsteller.
attributiv:
der herzlose Verwalter

hilfreich (Komparation nicht üblich)

Leider sind viele Menschen (a) nicht hilfreich zu ihren Mitmenschen (b).

1. ‚Hilfsbereitschaft, ‚stark ausgeprägte Zuwendung zu anderen', ‚uneigennützig', ‚wesensbetont'
2. a – Merkmalsträger/Mensch/Sn
   (b) – Bezugsgröße/Mensch/pS (zu)
   Anm.: Der 2. Aktant wird selten sprachlich realisiert.
3. prädikativ:
Der Arbeitskollege/die Nachbarin/die Rentnerin ist hilfreich. Edel sei der Mensch, hilfreich und gut. (Goethe)
attributiv:
die hilfreiche Krankenschwester

hilfsbereit (hilfsbereiter, am hilfsbereitesten)

Klaus (a) ist seinen Kommilitonen (b) gegenüber immer hilfsbereit.

1. ‚Bereitschaft zur Unterstützung/Hilfe', ‚uneigennützig', ‚handlungsbetont'
2. a – Merkmalsträger/Mensch/Sn
   (b) – Bezugsgröße/Mensch/pS (gegenüber)
3. prädikativ:
Der Gartennachbar/die Buchhändlerin ist ihm gegenüber stets hilfsbereit. – Er ist den Hausbewohnern/dem Freund gegenüber immer hilfsbereit.
attributiv:
der ihnen gegenüber stets hilfsbereite Nachbar

Anmerkung:
Hilfsbereit wird häufig mit einem Temporaladverb gebraucht.

höflich (höflicher, am höflichsten)

Der Empfangschef (a) des Hotels ist höflich zu den Gästen (b) seines Hauses.
1. ‚Verhalten entsprechend den geltenden gesellschaftlichen Umgangsformen', ‚freundlich, doch auf Distanz bedacht', ‚wohlerzogen' /Ggs. *unhöflich*/
2. a   – Merkmalsträger/Mensch/Sn
(b) – Bezugsgröße/Mensch (Kollektiv)/pS (zu, gegenüber, gegen)
3. prädikativ:
Der Diplomat/die Kellnerin ist höflich zu ihm. – Er ist höflich zu den Besuchern/den Kunden gegenüber/gegen den Journalisten.
attributiv:
der höfliche Steward

intolerant (Komparation nicht üblich)

Der herrschsüchtige Vater (a) war intolerant seinen Kindern und seiner Frau (b) gegenüber.
1. ‚keine andere Ansicht (als die eigene) gelten lassend', ‚unnachsichtig und verständnislos', ‚unduldsam' /Ggs. *tolerant*/
2. a   – Merkmalsträger/Mensch/Sn
(b) – Bezugsgröße/Mensch (Kollektiv)/pS (gegenüber, gegen)
3. prädikativ:
Der Chef/der Firmeninhaber/der geistliche Würdenträger war intolerant ihm gegenüber. – Er war intolerant dem Mitarbeiter/den Kindern gegenüber/gegen das Ärzteteam.
attributiv:
der intolerante Lehrer

kleinlich (kleinlicher, am kleinlichsten)

Mancher Chef (a) ist kleinlich seinen Mitarbeitern (b) gegenüber und verhindert so jede Kreativität.
1. ‚Nebensächlichkeiten/Kleinlichkeiten übertrieben wichtig nehmend', ‚fehlende Großzügigkeit im Denken und Handeln' /Ggs. *großzügig*/
2. a   – Merkmalsträger/Mensch/Sn
(b) – Bezugsgröße/Mensch/pS (gegenüber)
3. prädikativ:
Sein Chef/die Abteilungsleiterin ist kleinlich ihm gegenüber. – Er ist kleinlich den Studenten gegenüber.
attributiv:
der kleinliche Büroangestellte

*lieb*₁ (lieber, am liebsten)

Die Kindergärtnerin (a) war sehr lieb zu den Kindern (b).

1. ‚voller Zuneigung', ‚um das Wohlergehen des anderen bemüht', ‚fürsorglich', ‚zugetan'
2. a – Merkmalsträger/Mensch/Sn
   (b) – Bezugsgröße/Mensch/pS (zu)
3. prädikativ:
   Die Adoptiveltern sind lieb zu den beiden Mädchen. Selbst im hohen Alter sind die Eheleute noch lieb zueinander. Die ältere Schwester ist sehr lieb zu ihrem jüngeren Bruder.
   attributiv:
   der zu den Kindern liebe Vater

liebenswürdig (liebenswürdiger, am liebenswürdigsten)

Die Gastgeberin (a) war außerordentlich liebenswürdig zu ihren Gästen (b).

1. ‚von großer Herzlichkeit und Freundlichkeit im Umgang mit Menschen', ‚sehr taktvoll', ‚gewinnend', ‚voller höflicher Güte'
2. a – Merkmalsträger/Mensch/Sn
   (b) – Bezugsgröße/Mensch/pS (zu)
3. prädikativ:
   Der weise Alte/die Frau des Diplomaten/die gefeierte Sängerin war auffallend liebenswürdig zu ihm. – Er ist überaus liebenswürdig zu den Enkelkindern/ den Besuchern/der Frau seines Chefs.
   attributiv:
   der liebenswürdige Großvater

Anmerkung:
liebenswürdig wird meist mit einer Steigerungspartikel gebraucht.
Analog: *liebenswert*

liebevoll (liebevoller, am liebevollsten)

Der junge Vater (a) ist sehr liebevoll zu seinem kleinen Sohn (b).

1. ‚voll Mitgefühl und menschlicher Wärme', ‚voll Liebe', ‚fürsorglich' /Ggs. *lieblos*/
2. a – Merkmalsträger/Mensch/Sn
   (b) – Bezugsgröße/Mensch, Tier/pS (zu)
3. prädikativ:
   Der Großvater/die junge Mutter/das Kind ist liebevoll zu ihm. – Er ist liebevoll zu der Enkeltochter/dem Baby/dem Goldhamster.
   adverbial:
   Die Schwester pflegt/betreut die Kranken liebevoll.
   attributiv:
   die liebevolle Großmutter, eine liebevolle Betreuung/Pflege

lieblos (Komparation nicht üblich)
= *herzlos*

nett (netter, am nettesten)

Der junge Mitarbeiter (a) ist immer nett zu seinen Kollegen (b).
1. ‚von heiterem und freundlichem Wesen', ‚verträglich und optimistisch', ‚ohne Reibeflächen', ‚als sympathisch empfunden'
2. a – Merkmalsträger/Mensch/Sn
   (b) – Bezugsgröße/Mensch/pS (zu)
3. prädikativ:
   Der Chef/die Reiseleiterin/das Mädchen ist nett zu den anderen. – Er ist nett zu den Nachbarn/dem älteren Ehepaar. Seid nett zueinander!
   attributiv:
   der zu allen nette Hausmeister

parteiisch (Komparation nicht üblich)

Der Trainer (a) ist parteiisch der jungen Sportlerin (b) gegenüber.
1. ‚Beeinträchtigung des Gerechtigkeitssinnes', ‚einseitig für jemanden Position beziehend', ‚nicht neutral entscheidend' /Ggs. *unparteiisch*/
2. a – Merkmalsträger/Mensch/Sn
   (b) – Bezugsgröße/Mensch/pS (gegenüber)
   Anm.: Der 2. Aktant wird selten sprachlich realisiert.
3. prädikativ:
   Der Vorsitzende/der Vermittler ist parteiisch.
   attributiv:
   der parteiische Leiter

rücksichtslos (rücksichtsloser, am rücksichtslosesten)

Die Raucher (a) sind oft rücksichtslos den anderen Versammlungsteilnehmern (b) gegenüber.
1. ‚kein Beachten der Bedürfnisse anderer', ‚egoistisches Denken und Handeln', ‚bedenkenloses Befriedigen der eigenen Bedürfnisse' /Ggs. *rücksichtsvoll*/
2. a – Merkmalsträger/Mensch/Sn
   (b) – Bezugsgröße/Mensch (Kollektiv)/pS (gegenüber)
3. prädikativ:
   Der Autofahrer/der Karrierist/die herrschsüchtige Frau ist rücksichtslos ihm gegenüber. – Er ist rücksichtslos den anderen Verkehrsteilnehmern/seiner Frau/der eigenen Mannschaft gegenüber.
   attributiv:
   der anderen gegenüber rücksichtslose Geschäftsmann

rücksichtsvoll (rücksichtsvoller, am rücksichtsvollsten)

Die junge Frau (a) ist sehr rücksichtsvoll ihrer kranken Schwiegermutter (b) gegenüber.

1. ‚schonende Behandlung des anderen Menschen', ‚Beachtung der Bedürfnisse des anderen und der gegebenen Verhältnisse', ‚Vermeidung von Aufregung/ Unruhe', ‚vorsichtig handelnd' /Ggs. *rücksichtslos*/
2. a – Merkmalsträger/Mensch/Sn
   (b) – Bezugsgröße/Mensch (Kollektiv)/pS (gegenüber)
3. prädikativ:
   Der Ehemann/der Schlafgast/die Sekretärin ist rücksichtsvoll ihr gegenüber. – Er ist rücksichtsvoll seiner Frau/den Hinterbliebenen/der Familie gegenüber.
   attributiv:
   der anderen gegenüber rücksichtsvolle Raucher

ruppig (ruppiger, am ruppigsten)

Hans (a) ist oft ruppig zu seinem Bruder (b).

1. ‚grober Verstoß gegen die guten Umgangsformen', ‚flegelhaftes Benehmen', ‚unhöflich', ‚unfreundlich'
2. a – Merkmalsträger/Mensch/Sn
   (b) – Bezugsgröße/Mensch/pS (zu)
3. prädikativ:
   Der Halbstarke/das Heimkind/das Mädchen ist ruppig zu Gleichaltrigen. – Er ist ruppig zu seiner Mutter/seinen Eltern/den Mädchen.
   attributiv:
   der ruppige Fußballfan

taktlos (taktloser, am taktlosesten)

Der Journalist (a) ist taktlos dem Politiker (b) gegenüber.

1. ‚nicht vorhandenes Einfühlungsvermögen und daraus resultierendes falsches Verhalten/Handeln', ‚ohne Rücksichtnahme auf Gefühle/Empfindungen/ Denkweise des Mitmenschen', ‚verletzend wirkend' /Ggs. *taktvoll*/
2. a – Merkmalsträger/Mensch/Sn
   (b) – Bezugsgröße/Mensch/pS (gegenüber)
3. prädikativ:
   Der junge Wissenschaftler/die Sekretärin ist taktlos ihm gegenüber. – Er ist taktlos dem greisen Gelehrten/dem engagierten Arbeiter gegenüber.
   attributiv:
   der dem Kranken gegenüber taktlose Besucher

taktvoll (taktvoller, am taktvollsten)

Professor Müller (a) ist stets taktvoll seinen Mitarbeitern (b) gegenüber.

1. ‚mit Gefühl für situationsadäquates Verhalten im Umgang mit seinen Mitmenschen', ‚Einfühlungsvermögen besitzend und dementsprechend handelnd', ‚rücksichtsvoll' /Ggs. *taktlos*/

2. a – Merkmalsträger/Mensch/Sn
　(b) – Bezugsgröße/Mensch/pS (gegenüber)
3. prädikativ:
Der Diplomat/der Steward/die Schriftstellerin ist sehr taktvoll ihm gegenüber. – Er ist taktvoll den Passagieren/der alten Arbeiterin gegenüber.
attributiv:
der dem Akademiemitglied gegenüber taktvolle junge Wissenschaftler

tolerant (Komparation nicht üblich)

Nathan der Weise (a) war tolerant gegen alle Andersgläubigen (b).

1. ‚Respektierung anderer Ansichten/Meinungen', ‚nachsichtig und verständnisvoll', ‚geistig großzügig' /Ggs. *intolerant*/
2. a – Merkmalsträger/Mensch/Sn
　(b) – Bezugsgröße/Mensch (Kollektiv)/pS (gegenüber, gegen)
3. prädikativ:
Der Greis/die Präsidentin/das Ehepaar ist ihm gegenüber tolerant. – Er ist tolerant seiner Frau/der Familie gegenüber/gegen den jungen Künstler.
attributiv:
der Andersdenkenden gegenüber tolerante Philosoph

unaufmerksam (unaufmerksamer, am unaufmerksamsten)

Der Gastgeber (a) ist unaufmerksam seinen Gästen (b) gegenüber.

1. ‚Verletzung von Umgangsformen', ‚nicht vorhandene Zuvorkommenheit', ‚unzureichendes Beachten des anderen', ‚(un)bewußt verletzend handelnd' /Ggs. *aufmerksam*/
2. a – Merkmalsträger/Mensch/Sn
　(b) – Bezugsgröße/Mensch/pS (gegenüber)
3. prädikativ:
Der Oberkellner/die Serviererin/die Lehrerin ist unaufmerksam ihm gegenüber. – Er ist unaufmerksam dem Professor/seiner Freundin/den Anwesenden gegenüber.
attributiv:
der dem Ankommenden gegenüber unaufmerksame Hotelboy

unbarmherzig (Komparation nicht üblich)

Der Trainer (a) ist unbarmherzig dem Sportler (b) gegenüber, wenn es gilt, die neuen Trainingsmethoden durchzusetzen.

1. ‚hohe Anforderungen stellend', ‚ohne Rücksicht/ohne Mitleid die Forderung durchsetzend', ‚mitleidlos' /Ggs. *barmherzig*/
2. a – Merkmalsträger/Mensch/Sn
　(b) – Bezugsgröße/Mensch, Tier/pS (gegenüber, gegen)

3. prädikativ:
Der Expeditionsleiter/der ehrgeizige Vater ist unbarmherzig ihm gegenüber. – Er ist unbarmherzig den Expeditionsteilnehmern/seinen Mitarbeitern/seinem Sohn gegenüber/gegen die Gefangenen.
attributiv:
der sich selbst gegenüber unbarmherzige Forscher

unfreundlich   (unfreundlicher, am unfreundlichsten)

Die verärgerte Verkäuferin (a) ist unfreundlich zu den Kunden (b).

1. ‚Verstoß gegen erwartete Umgangsformen', ‚geringe Hilfsbereitschaft', ‚nicht liebenswürdig im Umgang mit Menschen', ‚abweisend' /Ggs. *freundlich*/
2. a – Merkmalsträger/Mensch/Sn
   (b) – Bezugsgröße/Mensch/pS (zu, gegenüber, gegen)
3. prädikativ:
Der Kellner/der Bankangestellte/die Kindergärtnerin ist unfreundlich zu ihm. – Er ist unfreundlich zu dem Gast/gegen die Kinder/dem Besucher gegenüber.
attributiv:
der zu den Reisenden unfreundliche Schaffner

ungefällig   (ungefälliger, am ungefälligsten)

Der Taxifahrer (a) war dem ortsfremden Fahrgast (b) gegenüber ungefällig.

1. ‚nicht vorhandene Hilfsbereitschaft', ‚unfreundlich' /Ggs. *gefällig*/
2. a – Merkmalsträger/Mensch/Sn
   (b) – Bezugsgröße/Mensch/pS (gegenüber)
3. prädikativ:
Der ältere Arbeiter/der Hausmeister war ihm gegenüber ungefällig. – Er war dem Gast/dem Kunden/dem Nachbarn gegenüber ungefällig.
attributiv:
der dem Kunden gegenüber ungefällige Verkäufer

ungerecht   (Komparation nicht üblich)

Die erregte Mutter (a) war ungerecht zu ihrer Tochter (b).

1. ‚nicht mit Gerechtigkeitssinn handelnd/urteilend', ‚gegen das Recht/die Wahrheit verstoßend' /Ggs. *gerecht*/
2. a – Merkmalsträger/Mensch/Sn
   (b) – Bezugsgröße/Mensch/pS (zu, gegenüber)
3. prädikativ:
Der Meister/der Lehrer/die Vorsitzende ist ungerecht zu ihm. – Er ist ungerecht zu dem Lehrling/den anderen Schülern gegenüber.
attributiv:
der zu seinem Sohn ungerechte Vater

ungezogen (ungezogener, am ungezogensten)
Verwöhnte Kinder (a) sind oft ungezogen zu ihren Eltern (b).
1. ‚Verstoß gegen die allgemein üblichen zwischenmenschlichen Verhaltensweisen‘, ‚nach eigenem Gutdünken handelnd‘, ‚verletzend wirkend‘, ‚aufsässig‘, ‚nicht gut erzogen‘ /Ggs. *höflich, wohlerzogen*/
2. a – Merkmalsträger/Mensch (Kind)/Sn
   (b) – Bezugsgröße/Mensch/pS (zu, gegenüber)
3. prädikativ:
Norbert/der Sohn des Nachbarn/das Mädchen ist ungezogen. – Er ist ungezogen zu seinem Lehrer/seinem Bruder gegenüber.
attributiv:
das ungezogene Kind, auch: sein ungezogenes Betragen

unhöflich (unhöflicher, am unhöflichsten)
Die Telefonistin (a) ist unhöflich zu dem Fernsprechteilnehmer (b).
1. ‚nicht vorhandene Hilfsbereitschaft und Freundlichkeit‘, ‚die Umgangsformen verletzend‘, ‚abweisend wirkend‘, ‚unfreundlich‘ /Ggs. *höflich*/
2. a – Merkmalsträger/Mensch/Sn
   (b) – Bezugsgröße/Mensch/pS (zu, gegenüber)
3. prädikativ:
Der Angestellte/der Kunde/die Reiseleiterin ist unhöflich zu ihm. – Er ist unhöflich zu den Mitgliedern der Reisegruppe/der Verkäuferin gegenüber.
attributiv:
der zu den Passagieren unhöfliche Steward

unparteiisch (Komparation nicht üblich)
Der Beamte (a) ist unparteiisch den Streitenden (b) gegenüber.
1. ‚Gerechtigkeitssinn besitzend und entsprechend handelnd‘, ‚nicht einseitig für jemanden eingestellt‘, ‚neutral‘ /Ggs. *parteiisch*/
2. a – Merkmalsträger/Mensch/Sn
   (b) – Bezugsgröße/Mensch/pS (gegenüber)
Anm.: Der 2. Aktant wird selten sprachlich realisiert.
3. prädikativ:
Der Schiedsrichter/der Vermittler ist unparteiisch.
attributiv:
der unparteiische Beobachter

unverschämt (unverschämter, am unverschämtesten)
Daniel (a) ist unverschämt zu seinen Geschwistern (b).
1. ‚grober Verstoß gegen die Umgangsformen‘, ‚in seinem Verhalten anderen gegenüber sehr frech/dreist/herausfordernd/anmaßend‘, ‚nur auf sich bedacht‘, ‚ohne Rücksichtnahme auf andere‘

2. a – Merkmalsträger/Mensch/Sn
   (b) – Bezugsgröße/Mensch/pS (zu, gegenüber, gegen)
3. prädikativ:
   Der Emporkömmling/der Karrierist/der Erpresser ist unverschämt zu ihm. – Er ist unverschämt zu seinen Eltern/seinen Mannschaftskameraden gegenüber/gegen die in Not Geratenen.
   attributiv:
   der ihnen gegenüber unverschämte Wucherer

zuvorkommend (zuvorkommender, am zuvorkommendsten)

Die Kellnerin (a) im „Grand Hotel" ist den Gästen (b) gegenüber äußerst zuvorkommend.

1. ‚große Hilfsbereitschaft zeigend', ‚sich mit großer Aufmerksamkeit und Freundlichkeit um den Mitmenschen kümmernd', ‚strenge Umgangsformen wahrend', ‚von ausgesuchter Höflichkeit'
2. a – Merkmalsträger/Mensch/Sn
   (b) – Bezugsgröße/Mensch/pS (gegenüber)
3. prädikativ:
   Der Empfangschef des Hotels/der Butler/die Verkäuferin ist ihm gegenüber sehr zuvorkommend. – Er ist den Ehrengästen/der Schauspielerin/der Kundin gegenüber zuvorkommend.
   attributiv:
   der ihm gegenüber sehr zuvorkommende Angestellte

Übungen

1. *behilflich – gefällig – hilfsbereit – entgegenkommend – großzügig*

   Welches Adjektiv wählen Sie?
   1) Obwohl sie viel zu tun hatte, war die Bibliothekarin dem Studenten gegenüber sehr ... und stellte ihm die gewünschte Literaturliste zusammen.
   2) Die Kassiererin an der Theaterkasse war der Musikstudentin ... und reservierte ihr zwei Karten für die Premiere des neuen Theaterstücks.
   3) Wenn es darum ging, kleinere Reparaturen auszuführen, war der geschickte Rentner den Hausbewohnern gegenüber immer ...
   4) Der junge Ehemann war seiner Frau gegenüber ... und kaufte ihr einen schicken Pelzmantel.
   5) Susanne war ihrer Klassenkameradin beim Erledigen der schwierigen Hausaufgaben ...
   6) Die Telefonistin war dem Hotelgast gegenüber ... und besorgte ihm die gewünschten Adressen.
   7) Der Kraftfahrer war der jungen Frau beim Radwechseln ...
   8) Die Nachbarin war sofort ..., als es darum ging, kurzfristig die kleine Tochter der erkrankten Hausbewohnerin zu betreuen.

2. *edelmütig – barmherzig – zuvorkommend – aufmerksam – hilfreich*
   Welches Adjektiv wählen Sie?
   1) Ein bekanntes Goethewort lautet: „Edel sei der Mensch, ... und gut."
   2) Der Indianerhäuptling war ... und schenkte dem besiegten Gegner die Freiheit.
   3) Die Ordensschwester war ... zu der notleidenden alten Frau.
   4) Die Gastgeberin war sehr ... ihren Gästen gegenüber.
   5) Von einem Kellner in einem guten Restaurant erwartet man, daß er den Gästen gegenüber äußerst ... ist.
   6) In Märchen kann man lesen, daß die Ritter ... waren und manchem Feind verziehen.
   7) Die junge Frau stand ihrem straffällig gewordenen Mann ... zur Seite und erleichterte ihm den Weg in das normale Leben.
   8) Der neuen Kollegin gegenüber war der Chef sehr ... und behandelte sie mit ausgesuchter Freundlichkeit.

3. *freundlich – höflich – rücksichtsvoll – taktvoll – tolerant*
   Welches Adjektiv wählen Sie?
   1) Trotz des schweren Lebens, das hinter dem alten Mann lag, hatte er sich sein heiteres Naturell bewahrt und war stets ... zu den Mitmenschen, besonders zu den Kindern.
   2) Da er großes Einfühlungsvermögen besaß, war der Vorgesetzte in dieser kritischen Situation der erregten Mitarbeiterin gegenüber sehr ...
   3) Man erlebt es leider selten, daß ein leidenschaftlicher Raucher den Nichtrauchern gegenüber ... ist und auf den Genuß der Zigarette verzichtet.
   4) Zum Glück gibt es immer noch junge Männer, die ... zu älteren Menschen sind und ihnen z. B. in der Straßenbahn ihren Sitzplatz anbieten.
   5) Da die junge Frau stets ... zu allen war und nie ein böses Wort sagte, war sie bei allen beliebt.
   6) Man sagt Saladin, dem legendären Helden der mittelalterlichen Literatur, nach, daß er ... gegen Andersdenkende und Andersgläubige war.
   7) Oft sind die Studentinnen überrascht, wenn man ... zu ihnen ist und ihnen die Tür aufhält.
   8) Um den Schmerz der bei allen beliebten Redakteurin nicht zu vergrößern, waren alle äußerst ... ihr gegenüber und vermieden jedes sie belastende Gespräch.

4. *abweisend – ungefällig – unbarmherzig – ungezogen – herzlos*
   Welches Adjektiv wählen Sie?
   1) Verwöhnte Kinder sind oft ... zu ihren Eltern, wenn ihre Wünsche nicht erfüllt werden.
   2) Die Königin im Märchen war ... zu Schneewittchen und trachtete ihr nach dem Leben.
   3) Die Bibliothekarin war dem Studenten gegenüber ... und half ihm nicht bei der Zusammenstellung der umfangreichen Bibliographie.
   4) Der ehrgeizige Vater ist seinem Sohn gegenüber ... und zwingt ihn zum täglichen harten Training.

5) Manche Schüler sind einem gutmütigen Lehrer gegenüber oft ...
6) Der Schlagersänger war ... dem aufdringlichen Reporter gegenüber und gab ihm keine Antwort.
7) Die Oberschwester war dem wehleidigen Patienten gegenüber ... und kümmerte sich zuerst um die hilfebedürftigen Kranken.
8) Manchmal sind die Einheimischen den Urlaubern gegenüber ... und geben ihnen keine Auskunft.

5. *bösartig – gehässig – grausam – brutal – grob*
   Welches Adjektiv wählen Sie?
   1) Die Kinder meinten, daß ihr Vater ... zu ihnen wäre, weil er keine Faulheit und Nachlässigkeit bei ihnen duldete.
   2) In dem Film „Meuterei auf der Bounty" wird gezeigt, daß der Kapitän ... zu den Matrosen war, wenn es darum ging, seinen Willen durchzusetzen.
   3) Die Rowdys im Fußballstadion waren ... zu den Anhängern der anderen Mannschaft und schlugen rücksichtslos auf sie ein.
   4) Der verschmähte Liebhaber war ... zu der jungen Frau und versuchte, sie bei ihren Bekannten schlechtzumachen.
   5) In Märchen wird berichtet, daß manche Menschen ... zu ihren Mitmenschen sind und ihnen bewußt Kummer bereiten.

6. Wie lautet das Antonym zu dem unterstrichenen Adjektiv?
   1) Der junge Ehemann ist seiner Frau gegenüber <u>aufmerksam</u>.
   2) Die Stiefmutter ist <u>rücksichtsvoll</u> ihrer Tochter gegenüber.
   3) Der Vorsitzende der Untersuchungskommission war <u>parteiisch</u>.
   4) Der Reiseleiter war <u>freundlich</u> zu der Dolmetscherin.
   5) Der Handwerksmeister war <u>gerecht</u> zu seinem Lehrling.
   6) Der Greis war <u>tolerant</u> den Jüngeren gegenüber.
   7) Der Kellner war <u>höflich</u> zu den Gästen.

7. Wie lautet das Antonym zu dem unterstrichenen Adjektiv?
   1) Der Kraftfahrer war <u>rücksichtslos</u> den anderen Verkehrsteilnehmern gegenüber.
   2) Der Forschungsgruppenleiter war <u>intolerant</u> seinen Mitarbeitern gegenüber.
   3) Der junge Wissenschaftler war <u>taktlos</u> dem greisen Gelehrten gegenüber.
   4) Der Gastgeber war <u>unaufmerksam</u> seinen Gästen gegenüber.
   5) Der Lehrer war <u>ungerecht</u> zu seinen Schülern.
   6) Der Schiedsrichter war <u>unparteiisch</u>.

8. Welche der folgenden Adjektive bezeichnen
   a) den Gerechtigkeitssinn
   b) die Hilfsbereitschaft
   c) das Gemeinschaftsgefühl
   des Merkmalträgers?
   Ordnen Sie die Adjektive den drei Gruppen zu!

höflich – aufmerksam – parteiisch – gefällig – liebenswürdig – entgegenkommend – gerecht – ehrfurchtsvoll – gütig – behilflich – freigebig – unparteiisch – galant

9. Welche der folgenden Adjektive fordern als zweiten Aktanten
   a) eine präpositionale Wortgruppe mit *zu*
   b) eine präpositionale Wortgruppe mit *gegenüber*
   c) ein Substantiv im Dativ?
   Ordnen Sie die Adjektive den drei Gruppen zu!

   gütig – hilfsbereit – lieb – aufmerksam – behilflich – gefällig – entgegenkommend – frech – taktlos – bösartig – gehässig – gemein

10. Von welchen der folgenden Adjektive lassen sich Antonyme
    a) mit dem Präfix *un-*
    b) mit dem Suffix *-voll*
    bilden?
    Bilden Sie die Antonyme und ordnen Sie sie den beiden Gruppen zu!

    gefällig – freundlich – lieb – nett – taktlos – behilflich – rücksichtslos – gütig – herzlos – höflich – aufmerksam – gerecht – entgegenkommend – lieblos

11. Von welchen Adjektiven sind die folgenden Substantive abgeleitet?

    Hilfsbereitschaft – Gefälligkeit – Großzügigkeit – Freundlichkeit – Gerechtigkeit – Aufmerksamkeit – Ungezogenheit – Herzlosigkeit – Frechheit – Grausamkeit – Brutalität – Gemeinheit – Taktlosigkeit – Boshaftigkeit – Grobheit

12. Welche Adjektive dieses Feldes lassen sich von den folgenden Substantiven ableiten?

    Partei – Edelmut – Gefallen – Toleranz – Güte – Ehrfurcht – Liebe

13. Mit welchen Verben sind die folgenden Adjektive verwandt?

    behilflich – gefällig – aufmerksam – abweisend – tolerant – entgegenkommend – ehrfurchtsvoll – gehässig – lieb

14. Wie lauten die entsprechenden Substantive zu den folgenden Adjektiven?

    liebenswürdig – aufmerksam – großzügig – freundlich – höflich – lieblos – herzlos – rücksichtslos – gerecht – boshaft – ungezogen – frech – gemein – grob – unverschämt – hilfsbereit – taktvoll – rücksichtsvoll – ehrfurchtsvoll – edelmütig – brutal – tolerant

Physische und psychische Zustände der Menschen

Menschen befinden sich in bestimmten körperlichen und seelischen Zuständen. Diese Zustände sind manchmal äußerlich wahrnehmbar, sie äußern sich zuweilen in einem bestimmten Verhalten des Menschen. In vielen Fällen ist die Bezeichnung der Ursache an das Adjektiv gebunden. Wir bringen von diesen zweiwertigen Zustandsadjektiven, die menschliche Eigenschaften bezeichnen, einige für die Kommunikation relevante Gruppen.

Übersicht über das Wortfeld

1. Der menschliche Zustand ist äußerlich wahrnehmbar.
1.1. ‚erkennbar an der Gesichtsfarbe': blaß, blau, bleich, fahl, gelb, grau, weiß, aschfahl, käsig, rot
1.2. ‚ohne Bewegung': starr, steif, stocksteif
1.3. ‚ohne zu sprechen': stumm
2. Der menschliche Zustand ist nicht in jedem Fall äußerlich wahrnehmbar.
2.1. ‚unruhig': nervös, unruhig, gereizt, erregt, zapp(e)lig, kribb(e)lig
2.2. ‚müde': ermattet, erschöpft, müde$_1$, entkräftet, angegriffen, zerschlagen, abgespannt, schlapp, abgekämpft, ausgepumpt, kaputt, fertig, erschlagen, erschossen, halbtot

Beschreibung der Adjektive

abgekämpft (Komparation nicht üblich)
Der Mann (a) war von achtstündiger Tätigkeit am Fließband (b) ganz abgekämpft.
1. ‚müde', ‚erschöpft von der Arbeit', ‚beträchtlich' /umg./
2. a – Merkmalsträger / Mensch (Kollektiv) / Sn
   (b) – Ursache / Abstr / pS (von), NS (daß)
3. prädikativ:
   Der Arbeiter / die Botin / die Gruppe war ganz abgekämpft von dem langen Arbeitstag / dem stundenlangen Anstieg auf den Berg. – Sie waren davon abgekämpft, daß sie sich während des Anstieges nicht ausruhen konnten.
   attributiv:
   der von dem langen, beschwerlichen Ritt ganz abgekämpfte Reiter

angegriffen (Komparation nicht üblich)
Der Patient (a) ist von dem tagelangen Fieber (b) ganz angegriffen.

1. ‚müde', ‚erschöpft', ‚häufig blaß / angestrengt aussehend'
2. a – Merkmalsträger / Mensch / Sn
   b – Ursache / Abstraktum / pS (von)
3. prädikativ:
   Der Mann / die Frau war sehr angegriffen von der langen Feldarbeit / dem Aufenthalt im sauerstoffarmen Raum / der Doppelschicht auf der Werft.
   attributiv:
   der von dem Genuß der vielen Medikamente angegriffene Patient

aufgeregt (aufgeregter, am aufgeregtesten)

Der Chef (a) war sehr aufgeregt infolge der langen Diskussion (b).

1. ‚unruhig', ‚innerlich erregt'
2. a – Merkmalsträger / Mensch (Kollektiv) / Sn
   (b) – Ursache / Abstr / pS (infolge)
3. prädikativ:
   Der Mann / die Versammlung / die Abteilung war aufgeregt infolge der Anschuldigungen des Chefs.
   attributiv:
   die aufgeregten Anwälte

ausgepumpt (nicht komparierbar)

Der Sportler (a) war durch den Marathonlauf (b) völlig ausgepumpt.

1. ‚müde', ‚erschöpft', ‚kaum noch über Luft zum Atmen verfügend'
2. a – Merkmalsträger / Mensch (Kollektiv) / Sn
   b – Ursache / Prozeß (mit körperlicher sportlicher Anstrengung verbunden) / pS (durch)
3. prädikativ:
   Der Läufer / der Wanderer / der Bergsteiger war durch die Anstrengung / den langen Marsch völlig ausgepumpt.
   attributiv:
   der durch den Zehnkampf völlig ausgepumpte Meister

blaß (blasser, am blassesten / seltener: blässer, am blässesten)

Der Angeklagte (a) wurde vor Schreck (b) ganz blaß.

1. ‚von bestimmter Gesichtsfarbe', ‚nahezu weiß', ‚bleich'
2. a – Merkmalsträger / Mensch / Sn
   (b) – Ursache / unerwartetes Ereignis / pS (vor)
3. prädikativ:
   Der Mann / der Verhandlungspartner / der Patient wurde vor Angst / Zorn / Schreck ganz blaß.
   attributiv:
   der vor Wut ganz blasse disqualifizierte Boxer

blau (nicht komparierbar)

Der Mann (a) wurde vor Wut (b) ganz blau.

1. ‚von bestimmter Farbe', ‚zwischen Grün und Violett im Farbenspektrum'
2. a – Merkmalsträger/Mensch (Extremitäten des Menschen)/Sn
   (b) – Ursache/Anstrengung, Naturerscheinung, Gefühlszustand/pS (vor)
3. prädikativ:
Der Matrose/der Polarforscher/der Sportler wurde ganz blau (im Gesicht) vor Kälte/Wut/Anstrengung. Die Hände des Alpinisten wurden ganz blau vor Kälte.
attributiv:
die vor Kälte ganz blauen Hände des Bergsteigers

bleich (bleicher, am bleichsten)

Der Augenzeuge des Unfalls (a) wurde bleich vor Entsetzen (b).

1. ‚von bestimmter Gesichtsfarbe', ‚fast ohne Farbe', ‚sehr blaß'
2. a – Merkmalsträger/Mensch/Sn
   (b) – Ursache/Gefühlszustand/pS (vor)
3. prädikativ:
Der Soldat/der Schüler/der Nachbar wurde vor Angst/Wut/Schrecken/Erregung ganz bleich.
attributiv:
der vor Furcht bleiche Prüfling

entkräftet (nicht komparierbar)

Der Patient (a) war vom Fieber (b) völlig entkräftet.

1. ‚müde', ‚schwach', ‚kraftlos'
2. a – Merkmalsträger/Mensch (Kollektiv)/Sn
   (b) – Ursache/Anstrengung, Krankheit/pS (von)
3. prädikativ:
Der Kranke/der Sportler/die Seilschaft war von der langen Krankheit/den Strapazen/dem Fasten völlig entkräftet.
attributiv:
der von großen Entbehrungen entkräftete Wüstenbewohner

ermattet (Komparation nicht üblich)

Der Boxer (a) war von den 12 Runden (b) ganz ermattet.

1. ‚müde', ‚Kräfte verlierend', ‚körperlich schwach'
2. a – Merkmalsträger/Mensch (Kollektiv)/Sn
   b – Ursache/Anstrengungen/pS (von)
3. prädikativ:

Die Sportler/die Wanderer/die Expedition in der Wüste war(en) ermattet von dem Dauerlauf/der Hitze/von Durst und Hunger.
attributiv:
der von der Hitze ermattete Gärtner

erregt (erregter, am erregtesten)

Alle Bewohner (a) waren über die Unglücksnachricht (b) erregt.
1. ‚unruhig‘, ‚aufgeregt‘, ‚in Wallung gebracht‘
2. a – Merkmalsträger/Mensch (Kollektiv)/Sn
   (b) – Ursache/Abstr/pS (über), NS (daß)
3. prädikativ:
Die Mutter/die Familie/die Bevölkerung war über die Unverschämtheit/die Art der Behandlung/die Verfahrensweise erregt. Sie waren darüber erregt, daß der Angeklagte freigesprochen worden war.
attributiv:
der über den hohen Preis erregte Käufer

erschlagen (nicht komparierbar)

Der Arzt (a) war nach der 4stündigen Operation (b) ganz erschlagen.
1. ‚müde‘, ‚Kräfte verlierend‘, ‚körperlich völlig schwach‘
2. a – Merkmalsträger/Mensch (Kollektiv)/Sn
   b – Ursache/Anstrengungen/pS (von, nach)
3. prädikativ:
Der Kameramann/der Stukkateur/der Stahlschmelzer war von/nach der langen Arbeit/der großen Hitze/der stundenlangen Fahrt im überfüllten Zug ganz erschlagen.
attributiv:
die vom langen Stehen ganz erschlagene Frau

Anmerkung:
Die Beziehung zum Verb *erschlagen* zeigt sich in der Verwendung als Vergleich: Er fühlte sich wie erschlagen.
In der Bedeutung ‚konsterniert‘ haben wir es mit einer einwertigen lexisch-semantischen Variante zu tun:
Der Prüfling war erschlagen, als er erfuhr, daß er die Prüfung nicht bestanden hatte.

erschöpft (Komparation nicht üblich)

Der Junge (a) war von dem langen Dauerlauf (b) ganz erschöpft.
1. ‚müde‘, ‚körperlich schwach‘, ‚bis zur Kraftlosigkeit‘
2. a – Merkmalsträger/Mensch (Kollektiv)/Sn
   (b) – Ursache/Anstrengungen/pS (von)

3. prädikativ:
Der Priester/der Marathonläufer/der Busfahrer war von dem 8tägigen Fasten/ dem Lauf auf staubigen Straßen/der unerträglichen Hitze ganz erschöpft.
attributiv:
der von der Hitze erschöpfte Rennfahrer

erschossen (nicht komparierbar)

Der Arbeiter (a) war vom langen Säcketragen (b) völlig erschossen.

1. ‚müde', ‚Kräfte verlierend', ‚körperlich völlig schwach' /umg./ /übertr./
2. a – Merkmalsträger/Mensch (Kollektiv)/Sn
   (b) – Ursache/Anstrengungen/pS (von)
3. prädikativ:
Die Mannschaft/der Soldat/der Arbeiter war von dem langen Marsch/der Nachtübung/dem ohrenbetäubenden Lärm ganz erschossen.
attributiv:
der von der Fragerei ganz erschossene Prüfling

fahl (fahler, am fahlsten)

Die Frau (a) war vor Schreck (b) ganz fahl im Gesicht.

1. ‚von bestimmter Gesichtsfarbe', ‚fast bleich', ‚kraftlos' /geh./
2. a – Merkmalsträger/Mensch/Sn
   (b) – Ursache/Gefühlszustand, physischer Mangel/pS (vor)
3. prädikativ:
Die Dame/der Kranke war vor Schwäche/Erregung ganz fahl im Gesicht.
attributiv:
der vor Schreck im Gesicht ganz fahle Verunglückte

fertig (nicht komparierbar)

Die Kompanie (a) war nach dem Gewaltmarsch (b) völlig fertig.

1. ‚müde', ‚am Ende der Kräfte seiend', ‚völlig erschöpft' /salopp/
2. a – Merkmalsträger/Mensch (Kollektiv)/Sn
   (b) – Ursache/Anstrengung/pS (von, nach ...)
prädikativ:
Der Arbeiter/der Soldat/der Schüler war von der Hitze/von bzw. nach dem Gewaltmarsch/von bzw. nach den 7 Unterrichtsstunden völlig fertig.
attributiv:
der vom stundenlangen Schneesturm völlig fertige Skiläufer

gelb (nicht komparierbar)

Die Frau (a) war vor Neid (b) ganz gelb im Gesicht.

1. ‚von bestimmter Gesichtsfarbe', ‚Farbe zwischen Orange und Grün, im Spektrum', ‚fahl'
2. a – Merkmalsträger / Mensch / Sn
   (b) – Ursache / Gefühlszustand / pS (vor)
   prädikativ:
   Die Frau / die Verkäuferin wurde vor Ärger / Neid / Wut ganz gelb im Gesicht.
   attributiv:
   die vor Neid ganz gelbe Tante

gereizt (gereizter, am gereiztesten)

Der Schauspieler (a) war durch die vielen Kritiken (b) ganz gereizt.

1. ‚unruhig', ‚nervös', ‚erzürnt'
2. a – Merkmalsträger / Mensch / Sn
   (b) – Ursache / Abstr / pS (von, durch)
3. prädikativ:
   Der Onkel / der Verkäufer / der Busfahrer war von der langen Auseinandersetzung / der unsachlichen Diskussion / der ewigen Fragerei sehr gereizt.
   attributiv:
   der von dem Straßenlärm gereizte Schriftsteller

halbtot (nicht komparierbar)

Der Fallschirmspringer (a) war nach dem Abschlußtraining (b) halbtot.

1. ‚müde', ‚sehr erschöpft' /salopp/, /übertr/
2. a – Merkmalsträger / Mensch (Kollektiv) / Sn
   (b) – Ursache / Anstrengung / pS (von, nach ...)
3. prädikativ:
   Der Maler / der Sportler / der Telefonist war von den vielen Diskussionen / der großen Hitze / den zahlreichen Anrufen halbtot.
   attributiv:
   der von dem letzten Lauf halbtote Zehnkämpfer

kaputt (nicht komparierbar)

Der Lehrer (a) ist von den 8 Unterrichtsstunden (b) ganz kaputt.

1. ‚müde', ‚am Ende der Kräfte seiend', ‚sehr erschöpft' /umg./
2. a – Merkmalsträger / Mensch / Sn
   (b) – Ursache / Anstrengung / pS (von, nach ...)
3. prädikativ:
   Der Fußballspieler / der Kaufmann / der Junge ist von / nach dem verlängerten Spiel / von dem Ansturm der Käufer / von / nach dem Schultag ganz kaputt.
   attributiv:
   der vom Marathonlauf kaputte Sportler

käsig (Komparation nicht üblich)

Der Patient (a) ist von der langen Krankheit (b) ganz käsig.

1. ‚von bestimmter Gesichtsfarbe', ‚farblos', ‚bleich', ‚gelblich'
2. a – Merkmalsträger/Mensch/Sn
   (b) – Ursache/Krankheit, Gefühlszustand/pS (vor)
3. prädikativ:
   Der Kranke/der Nachbar wurde vor Kummer ganz käsig.
   attributiv:
   der vor Angst käsige Mann

kribb(e)lig (kribb(e)liger, am kribb(e)ligsten)

Der Junge (a) war vor Ungeduld (b) ganz kribb(e)lig.

1. ‚unruhig', ‚gereizt', ‚ungeduldig' (Verb *kribbeln* = jucken) /umg./
2. a – Merkmalsträger/Mensch/Sn
   (b) – Ursache/Gefühlszustand/pS (vor)
3. prädikativ:
   Das Kind/der Wettkämpfer war vor Erwartung/Neugier ganz kribb(e)lig.
   attributiv:
   der vor Wut ganz kribb(e)lige Mann

müde$_1$ (müder, am müdesten)

Die Kinder (a) werden durch das Spielen (b) müde.

1. ‚schlafbedürftig', ‚ermattet'
2. a – Merkmalsträger/Mensch (Kollektiv)/Sn
   (b) – Ursache/Abstr/pS (von, durch), NS (daß)
3. prädikativ:
   Der Arbeiter/der Sportler/der Schüler ist von den Anstrengungen/dem intensiven Training/der Hitze müde. Sie sind davon müde, daß sie unaufhörlich laufen mußten.
   attributiv:
   der vom vielen Essen müde Gast

nervös (nervöser, am nervösesten)

Der Wissenschaftler (a) wird von dem Lärm (b) ganz nervös.

1. ‚unruhig', ‚gereizt', ‚zerfahren'
2. a – Merkmalsträger/Mensch (Kollektiv)/Sn
   (b) – Ursache/die Nerven reizende Erscheinung/pS (von, durch, infolge)
3. prädikativ:
   Die Menschen/die Zuschauer/die Kinder wurden durch das dauernde Trommeln/von dem lauten Gehupe/durch die dauernde Unterbrechung des Films ganz nervös.

attributiv:
der infolge seiner Überarbeitung ganz nervöse Angestellte

rot (nicht komparierbar)

Der Mann (a) wurde vor Anstrengung (b) ganz rot im Gesicht.
1. ‚von bestimmter Gesichtsfarbe', ‚am Rande des Sonnenspektrums liegend',
‚dem Orange benachbart'
2. a – Merkmalsträger/Mensch/Sn
   (b) – Ursache/Anstrengung/pS (vor, von)
3. prädikativ:
Der Junge/der Darsteller/der Sportler wurde vor Begeisterung/Scham/Aufregung ganz rot (im Gesicht).
attributiv:
der vor Freude glühend rote Sieger

starr (nicht komparierbar)

Der Preisträger (a) war starr vor Erstaunen (b).
1. ‚ohne Bewegung', ‚steif', ‚regungslos'
2. a – Merkmalsträger/Mensch (Körperteile)/Sn
   b – Ursache/Gefühlszustand, Naturerscheinung/pS (vor)
3. prädikativ:
Der Boxer/der Angestellte/der Bergsteiger/das Gesicht war starr vor Entsetzen/Wut/Frost/Kälte.
attributiv:
der vor Schrecken starre Mann

Anmerkung:
Das Adjektiv *starr* verfügt über weitere lexisch-semantische Varianten: ‚überrascht', ‚sprachlos': Er ist stumm und starr. ‚unnachgiebig': Sie blieb starr bei ihrer Meinung.

steif (nicht komparierbar)

Der alte Mann (a) war vor Kälte (b) ganz steif.
1. ‚ohne Bewegung', ‚in der Bewegung gehemmt', ‚starr'
2. a – Merkmalsträger/Mensch/Sn
   (b) – Ursache/Naturerscheinung, Gefühlszustand/pS (vor)
3. prädikativ:
Der Schifahrer/der Angeredete war vor Kälte/Schreck ganz steif.
attributiv:
der vor Wut ganz steife Säugling

Anmerkung:
Bei *starr* und *steif* handelt es sich fast um absolute Synonyme. Da sich *starr* auch auf andere Teile des Körpers beziehen kann (*Finger*, *Glieder*, *Gesicht*, aber auch *Lächeln*, *Miene*, *Ausdruck*), ist sein Anwendungsbereich weiter.

stocksteif (nicht komparierbar)

Der Mann (a) war vor Schreck (b) stocksteif.

1. ‚ohne Bewegung‘, ‚völlig unbeweglich‘ – ‚noch unbeweglicher als *steif*‘
Sonst gibt es keine Unterschiede zu *steif*.

stumm (nicht komparierbar)

Die ganze Runde (a) war stumm vor Staunen (b).

1. ‚ohne zu sprechen‘, ‚wortlos‘, ‚lautlos‘
2. a – Merkmalsträger/Mensch/Sn
   (b) – Ursache/Gefühlszustand/pS (vor)
3. prädikativ:
Der Zuschauer/der Teilnehmer/der Junge war ganz stumm vor Freude/Schreck/Staunen.
attributiv:
die vor Erstaunen ganz stummen Zuschauer

unruhig (unruhiger, am unruhigsten)

Die Kinder (a) waren vor Erwartung (b) ganz unruhig.

1. ‚ohne innere Ruhe‘, ‚nervös‘
2. a – Merkmalsträger/Mensch (Kollektiv)/Sn
   (b) – Ursache/Abstr/pS (vor, wegen aufgrund, infolge ...), NS (da)
3. prädikativ:
Die Patienten/die Wartenden/die Schüler wurden vor Entsetzen/wegen der langen Verspätung/infolge der langen Behandlung ganz unruhig. – Sie wurden unruhig, da der Zug immer noch nicht eintraf.
attributiv:
die infolge der langen Operation unruhigen Angehörigen

weiß (nicht komparierbar)

Der Angeklagte (a) wurde vor Entsetzen (b) ganz weiß im Gesicht.

1. ‚von bestimmter Gesichtsfarbe‘, ‚ganz bleich‘, ‚blaß‘
2. a – Merkmalsträger/Mensch/Sn
   (b) – Ursache/Gefühlszustand/pS (vor)
3. prädikativ:
Der Mann/der Kollege/der Fahrer wurde vor Wut/Schreck/Zorn ganz weiß im Gesicht.

attributiv:
der vor Wut ganz weiße Junge

zapp(e)lig   (zapp(e)liger, am zapp(e)ligsten)

Die Jungen (a) waren vor Spannung (b) zapp(e)lig.

1. ‚unruhig‘, ‚nervös‘, ‚in hohem Grade‘ (Verb *zappeln* = sich rasch und heftig hin und her bewegen) /umg./
2. a – Merkmalsträger/(junger) Mensch/Sn
   (b) – Ursache/Gefühlszustand/pS (vor)
3. prädikativ:
   Die Kinder/die Jungen/die Mädchen waren vor Aufregung/Spannung/Nervosität/Ungeduld ganz zapp(e)lig.
   attributiv:
   die vor Aufregung zapp(e)ligen Kinder

zerschlagen   (nicht komparierbar)

Die Kinder (a) waren von dem langen Herumtollen (b) ganz zerschlagen.

1. ‚müde‘, ‚kraftlos‘, ‚völlig erschöpft‘ /übertr./
2. a – Merkmalsträger/Mensch (Kollektiv)/Sn
   (b) – Ursache/Anstrengung/pS (von)
3. prädikativ:
   Der Bauer/die Touristin/die Mannschaft war von der schweren Arbeit/dem schwierigen Marsch/der sengenden Hitze zerschlagen.
   attributiv:
   der von der schweren Arbeit zerschlagene Gießereiarbeiter

Übungen

1. *blaß – blau – bleich – fahl – gelb – weiß – käsig – rot*
   Welches Adjektiv wählen Sie?

   1) Die Frau las den Brief und wurde vor Schreck (ganz) ....
   2) Der Verkehrspolizist wurde vor Wut ganz ... im Gesicht.
   3) Der Schüler wurde vor Angst ganz ....
   4) Vor Neid wurde die Nachbarin ganz ... im Gesicht.
   5) Der Gewichtheber wurde vor Anstrengung ganz ....

2. *unruhig – nervös – gereizt – erregt – zapp(e)lig – kribb(e)lig*
   Welches Adjektiv wählen Sie?

   1) Der Chef hatte schlecht geschlafen, er ist heute ganz ....
   2) Die Kinder warten auf die Bescherung, sie sind schon ganz ....

3) Der Mann steht in der Schlange und ist vom langen Warten schon ganz ....
4) Man macht den Laborversuch immer wieder, er will nicht gelingen. Davon wird man ganz ....
5) Eine Käuferin streitet sich mit der Verkäuferin. Über die Unverschämtheit der Kundin ist die Verkäuferin ganz ....

3. *müde – ermattet – erschöpft – entkräftet – angegriffen – zerschlagen – abgekämpft – ausgepumpt – kaputt – fertig – erschlagen – erschossen – halbtot*
Welches Adjektiv wählen Sie?
1) Heute haben wir das Wohnzimmer tapeziert. Nun sind wir ganz ...
2) Nach dem schrecklichen Unfall haben die Arbeiter 20 Stunden ohne Unterbrechung Aufräumungsarbeiten geleistet. Davon sind sie ganz ....
3) Die große Hitze hat uns bei der Wanderung sehr zu schaffen gemacht. Davon sind wir ....
4) Nach 4stündigem Anstieg erreichte die Gruppe den Gipfel. Nun sind die Männer völlig ....
5) Nach 5 Tagen erhielten die Verschütteten wieder Nahrung. Sie waren schon völlig ....

4. Benennen Sie für folgende Sachverhalte Ursachen!
1) Der Sportler war ... ganz ausgepumpt.
2) Der ganze Saal war ... stumm.
3) Die Arbeiter in der Wüstenstation waren ... völlig entkräftet.
4) Die ganze Schulklasse war ... kaputt / fertig.
5) Der Junge wurde ... plötzlich käseweiß.
6) Die Mannschaft war ... nach der Übung ganz erschossen.
7) Am Weihnachtsabend war der kleine Junge ... schon ganz kribb(e)lig.
8) Der Lehrer forderte den Schüler Horst lange Zeit nicht auf, Horst war ... schon ganz zapp(e)lig.
9) Die Bergsteiger verbrachten die dritte Nacht im Eis, das Gesicht des einen war ... schon weiß.
10) Das Gesicht des Gewichthebers war ... ganz rot.

5. Ersetzen Sie die Adjektive durch angemessene!
1) Vor Freude auf die Geburtstagsgeschenke war der Junge käseweiß.
2) Von dem stundenlangen Marsch durch den Schneesturm war der Schiläufer ganz stumm.
3) Von dem langen Dauerlauf war der Junge ganz aufgeregt.
4) Vor Schwäche war der Patient ganz abgekämpft.
5) Vor Wut war der Kranke ganz käsig.

6. Ersetzen Sie die Bezeichnungen der Ursachen durch Bezeichnungen für angemessene Ursachen!
1) Der Mann war von dem herrlichen Sonnenschein ganz abgekämpft.
2) Der Briefträger war von dem unbeweglichen Liegen ganz ausgepumpt.

3) Der Arbeiter war vor Anstrengung ganz blaß im Gesicht.
4) Der Junge war vom Eisessen ganz erschossen.
5) Vom lauten Gehupe der Autos wurde der Mann ganz steif.

Wertung

Der Mensch hat zu Dingen und Erscheinungen der ihn umgebenden Umwelt unterschiedliche Einstellungen, er wertet sie. Hier geht es um die innere Einstellung, danach, in welcher emotionalen Beziehung er zu diesen Dingen und Erscheinungen steht. Als Kriterium für die Unterteilung verwenden wir die Grade der Einstellung.

Übersicht über das Wortfeld

1. ‚begrüßt‘: angenehm, gelegen, genehm, erwünscht, hochwillkommen, recht, teuer, willkommen, lieb$_2$
2. ‚gleichgültig‘: einerlei, gleich$_1$, gleichgültig, egal, schnuppe
3. ‚abgelehnt‘: leid, müde$_2$, überdrüssig, zuwider

Beschreibung der Adjektive

angenehm (angenehmer, am angenehmsten)

Der Gast (a) war der Hausfrau (b) sehr angenehm.

1. ‚begrüßt‘, ‚erfreulich‘, ‚willkommen‘
2. a – Merkmalsträger/Konkr, Abstr/Sn, NS (daß)
   b – Bezugsgröße/Mensch (Kollektiv)/Sd
3. prädikativ:
Dieser Mensch/dieser Lehrer/diese Reise/diese Antwort war dem Vater/dem Teilnehmer/mir sehr angenehm. Daß er der Klassenlehrer wird, ist mir angenehm.
attributiv:
das ihm sehr angenehme Reisewetter

egal (nicht komparierbar)
Ob es morgen regnet oder nicht (a), ist den Wanderern (b) egal.

1. ‚gleichgültig' /umg./
2. a – Merkmalsträger/Konkr, Absr/Sn, NS (ob, daß, wer, wie ...)
   b – Bezugsgröße/Mensch/Sd
3. prädikativ:
Der Fremde/das Wetter ist den Schülern/den Männern egal. Ob es mit dem Ausflug klappt/daß der Freund nicht mitkommt, ist dem Nachbarn egal. Wer kommt, ist mir egal.

Anmerkung:
Der Nebensatz mit *ob* wird vor allem dann gebraucht, wenn der Sachverhalt unsicher ist oder wenn Alternativen angegeben werden: Ob es morgen regnet, ist mir egal. – Ob der Bruder oder dessen ganze Familie kommt, ist mir egal.
Ein NS mit *daß* ist häufig verneint: Daß der Prüfling die Prüfung nicht bestand, war dem Lehrer egal.
Dazu analog: piepegal, schnurzpiepegal

einerlei (nicht komparierbar)
Wo er sich aufhielt (a), war den Verwandten (b) einerlei.
1. ‚gleichgültig' /umg./
2. a – Merkmalsträger/Abstr (Sachverhalt)/NS (ob, wer, wo, wie, warum ...)
   b – Bezugsgröße/Mensch/Sd
3. prädikativ:
Ob er mitkommt oder nicht/wer die Hauptrolle spielt/warum er fehlte/wie er nach Hause kam, war dem Veranstalter/dem Regisseur einerlei.
attributiv:
nicht möglich

erwünscht (erwünschter, am erwünschtesten)
Dieser Schwiegersohn (a) ist dem Vater (b) erwünscht.
1. ‚begrüßt', ‚willkommen', ‚gewollt' /geh./
2. a – Merkmalsträger/Konkr, Abstr/Sn, NS (daß, der)
   b – Bezugsgröße/Mensch (Kollektiv)/Sd
3. prädikativ:
Der neue Lehrer/das neue Buch war den Schülern/dem Direktor/den Lesern erwünscht. Daß gerade diese Ware ins Angebot aufgenommen wurde, war allen Kunden erwünscht. Herr Friedrich, der den Englischlehrer vertrat, war allen Schülern erwünscht.
attributiv:
der den Studenten erwünschte Professor

gelegen (gelegener, am gelegensten)
Diese neue Grammatik (a) kommt den Studenten (b) sehr gelegen.

1. ‚begrüßt', ‚willkommen', ‚geeignet', ‚passend'
2. a – Merkmalsträger/Konkr, Abstr/Sn, NS (daß)
   b – Bezugsgröße/Mensch/Sd
3. prädikativ:
   Dieser Mann/der Bus/der Schlagbohrer kommt dem Freund/den Wartenden/dem Schlosser sehr gelegen. – Daß heute schönes Wetter ist, kommt den Gartenfreunden sehr gelegen.
   attributiv:
   zu einer den Mitgliedern sehr gelegenen Zeit

genehm (genehmer, am genehmsten)

Die angegebene Zeit (a) war allen Hausbewohnern (b) genehm.

1. ‚begrüßt', ‚willkommen', ‚angenehm' /geh./
2. a – Merkmalsträger/Konkr, Abstr/Sn, NS (daß)
   b – Bezugsgröße/Mensch (Kollektiv)/Sd
3. prädikativ:
   Der Schiedsrichter/der Versammlungsort/die getroffene Entscheidung war allen Beteiligten/dem gesamten Team/den Mitarbeitern genehm. – Daß das Gericht in dieser Weise entschied, war allen genehm.
   attributiv:
   die allen Versammelten genehme Resolution

gleich$_2$ (nicht komparierbar)

Wer diesen Kampf gewinnt (a), ist dem Zuschauer (b) gleich.

1. ‚gleichgültig', ‚bedeutungslos', ‚unwichtig'
2. a – Merkmalsträger/Abstr/Sn, NS (ob, w)
   b – Bezugsgröße/Mensch (Kollektiv)/Sd
3. prädikativ:
   Die Abfahrtszeit/wer in diesem Lauf siegt/wann der Zug ankommt/ob die Klasse dem Jungen gratuliert, ist den Zuschauern/den Wartenden/dem Lehrer gleich.
   attributiv:
   nicht möglich

gleichgültig (gleichgültiger, am gleichgültigsten)

Was der Redner sagte (a), war allen Teilnehmern (b) gleichgültig.

1. ‚teilnahmslos', ‚unwichtig', ‚uninteressiert'
2. a – Merkmalsträger/Konkr, Abstr/Sn, NS (daß, ob, w)
   b – Bezugsgröße/Mensch (Kollektiv)/Sd
3. prädikativ:
   Der Redner/der Lehrer/der Schauspieler/der neueste Film war den Bürgern/den Schülern/den Theaterbesuchern gleichgültig. – Ob die Gruppe den Gip-

fel erreichte / wer den Gipfel als erster erreichte / wie der Gipfel erreicht wurde / wann man den Gipfel erklomm, war den Fernsehzuschauern gleichgültig.
attributiv:
der den Schülern gleichgültige neue Lehrer

leid (nicht komparierbar)

Der Mann (a) ist des langen Wartens (b) leid.
1. ‚ablehnend', ‚überdrüssig'
2. a – Merkmalsträger / Mensch / Sn
   b – Bezugsgröße / Konkr, Abstr / Sg, NS (daß), Inf
3. prädikativ:
   Der Fahrer / der Lehrer / der Vermieter ist des ewigen Hupens / der dauernden Wiederholungen / des neuen Mieters leid. – Er ist es leid, daß man dauernd kritisiert / dauernd kritisiert zu werden.
   attributiv:
   nicht möglich

Anmerkung:
Landschaftlich ist auch entsprechend den Mikrofeldern 1 und 2 eine andere syntaktische Konstruktion möglich:
Das lange Warten ist mir leid.
Dieser Verkäufer ist der Käuferin schon lange leid.

lieb$_2$ (lieber, am liebsten) – auch *lieb und wert*

Dieser Ring (a) ist der Mutter (b) lieb (und wert).
1. ‚begrüßt', ‚geschätzt', ‚verehrt'
2. a – Merkmalsträger / Konkr (auch Abstr) / Sn, NS (daß)
   b – Bezugsgröße / Mensch (Kollektiv) / Sd
3. prädikativ:
   Die Eltern / diese bibliophilen Bücher / die Erinnerungen an die Jugend sind den Kindern / den Buchliebhabern / den Alten lieb. – Daß die Freunde den Kranken oft besuchen, ist ihm sehr lieb.
   attributiv:
   das dem Jungen liebe Buch

müde$_2$ (Komparation nicht üblich)

Der Junge (a) ist des vielen Schreibens (b) müde.
1. ‚ablehnend', ‚überdrüssig'
2. a – Merkmalsträger / Mensch (Kollektiv) / Sn
   b – Bezugsgröße / Abstr / Sg, NS (daß), Inf
3. prädikativ:
   Die Klasse / der Käufer / der Lehrer ist des langen Unterrichts / des vielen

Nachfragens/der ewigen Ermahnungen müde. – Der Küchenchef ist es müde, daß die Arbeiter dauernd kritisieren/dauernd kritisiert zu werden.
attributiv:
der der dauernden Vorwürfe müde Ehemann

recht (nicht komparierbar) – auch *recht und billig*

Daß sein Sohn die Prüfung bestanden hatte (a), war dem Vater (b) sehr recht.
1. ‚begrüßt', ‚einverstanden', ‚angenehm'
2. a – Merkmalsträger/Konkr, Abstr/Sn, NS (daß), Inf
   b – Bezugsgröße/Mensch (Kollektiv)/Sd
3. prädikativ:
Der Beschluß der Versammlung/der Erfolg der Sportler/der neue Trainer war den Sportlern/den Versammlungsteilnehmern durchaus recht (und billig). – Daß das Gericht so entschieden hatte, war der Bevölkerung recht.
attributiv:
nicht möglich

schnuppe (nicht komparierbar)

Wann der Junge nach Hause kommt (a), ist den Eltern (b) schnuppe.
1. ‚gleichgültig' /salopp/
2. a – Merkmalsträger/Konkr, Abstr/Sn, NS (daß, w)
   b – Bezugsgröße/Mensch (Kollektiv)/Sd
3. prädikativ:
Der Lehrer/der Film/die Lösung ist mir schnuppe. – Wer das Patent angemeldet hat/wann der Film gesendet wird/daß die Gruppe den Südpol erreicht hat, ist mir schnuppe.
attributiv:
nicht möglich

teuer (teurer, am teuersten) – auch *lieb und teuer*

Das Andenken an den Toten (a) ist den Angehörigen (b) teuer.
1. ‚begrüßt', ‚lieb', ‚geschätzt' /geh./
2. a – Merkmalsträger/Konkr, Abstr/Sn
   b – Bezugsgröße/Mensch (Kollektiv)/Sd
3. prädikativ:
Der Onkel/das Vermächtnis des Toten/die Heimatstadt war den Kindern/dem ganzen Volk (lieb und) teuer.
attributiv:
das den Kindern teure Elternhaus

überdrüssig (Komparation nicht üblich)

Die Arbeiter (a) waren der fruchtlosen Diskussionen (b) überdrüssig.

1. ‚abgelehnt', ‚müde', ‚übersättigt'
2. a – Merkmalsträger/Mensch (Kollektiv)/Sn
   b – Bezugsgröße/Konkr, Abstr/Sg, NS (daß), Inf
3. prädikativ:
   Die Frau/der Bürger/der Angestellte ist des Freundes/des Herumstehens/des Reisens überdrüssig. – Sie ist es überdrüssig, daß der Nachbar sie dauernd belästigt/vom Nachbarn dauernd belästigt zu werden.
   attributiv:
   der der täglichen Fahrerei überdrüssige Meister

willkommen   (willkommener, am willkommensten)

Dieses Weihnachtspaket (a) war der ganzen Familie (b) willkommen.

1. ‚begrüßt', ‚angenehm', ‚erwünscht'
2. a – Merkmalsträger/Konkr, Abstr/Sn
   b – Bezugsgröße/Mensch (Kollektiv)/Sd
3. prädikativ:
   Das Geschenk/die Lieferung/die Gelegenheit war allen Anwesenden/der ganzen Firma/den Bewohnern willkommen.
   attributiv:
   das den Kindern willkommene Geschenk

Dazu analog: hochwillkommen

zuwider   (nicht komparierbar)

Der Betrunkene (a) war den meisten Gästen (b) sehr zuwider.

1. ‚abgelehnt', ‚unangenehm', ‚widerwärtig'
2. a – Merkmalsträger/Konkr, Abstr/Sn, NS (daß), Inf
   b – Bezugsgröße/Mensch/Sd
3. prädikativ:
   Der Redner/seine Arroganz/die plumpe Vertraulichkeit ist den Teilnehmern/den Untergebenen/den Kunden höchst zuwider. – Mir ist sehr zuwider, daß dieser Mensch täglich neben mir sitzt/ihn täglich sehen zu müssen.
   attributiv:
   nicht möglich

Übungen

1. *angenehm – gelegen – genehm – erwünscht – hochwillkommen – recht – teuer – lieb (lieb und wert, lieb und teuer)*
   Welches Adjektiv wählen Sie?

1) Heute abend besuchen uns zwei alte Freunde meines Vaters, sie sind uns höchst ...
2) Der Freund meiner Tochter ist offen und sieht gut aus. Er ist der ganzen Familie sehr ....
3) Wir waren als Kinder oft und gern bei den Großeltern. Ihr Andenken ist uns ....
4) Der Rechtsanwalt schlug einen Vergleich vor. Dieser Vorschlag war uns ..., er kam uns sehr ...
5) In meinem Bücherschrank stehen drei wertvolle Erstauflagen. Gerade dieser Bücher sind mir ....

2. *einerlei – gleich – gleichgültig – egal – schnuppe*
   Welches Adjektiv wählen Sie?

   1) Kunde verhandelt im Reisebüro:
      Ob ich das Quartier im Februar in Oberhof oder im März in Gernsbach bekomme, ist mir ...
   2) Kunde beim Friseur:
      Ob mir Herr Müller oder Herr Meier die Haare schneidet, ist mir ....
   3) Nicht-Fan auf dem Fußballplatz:
      Ob der Berliner Fußballclub oder der Fußballclub Hannover das Spiel gewinnt, ist mir ....
   4) Zwei Jungen streiten sich wütend:
      Was du darüber denkst, ist mir ....
   5) Theaterbesucher:
      Wer das Stück inszeniert hat, interessiert mich nicht, das ist mir ....

3. *leid – müde – überdrüssig – zuwider*
   Welches Adjektiv wählen Sie?

   1) Wir alle sind des ewigen Regens ....
   2) Der vielen Vorreden wurden die Teilnehmer an der Versammlung bald ....
   3) Ein so arroganter Vortrag ist mir geradezu ....
   4) Der dauernden Umleitungen infolge der Baumaßnahmen sind die Autofahrer ...
   5) Der Trainer ist der dauernden Kritik ....

4. Erläutern Sie die unterschiedlichen Einschätzungen!

   1) Meine alte Tante ist der Familie *willkommen – hochwillkommen – teuer*.
   2) Ob die Deutschstunde stattfindet, ist einigen Schülern *gleich – egal*.
   3) Der Besuch von Onkel und Tante ist uns *angenehm – gleich – zuwider*.
   4) Wir sind des langen Wartens *müde – überdrüssig*.
   5) Dieser Schauspieler ist mir *sympathisch – zuwider*.

Vorteil/Nachteil für den Menschen

Übersicht über das Wortfeld

1. ‚nützlich': annehmbar, dienlich, ersprießlich, förderlich, geeignet, gut, günstig, heilsam, nützlich, vorteilhaft, nutzbringend, gedeihlich, fruchtbar, fruchtbringend, sachdienlich
2. ‚nutzlos': unnütz, fruchtlos, zwecklos, sinnlos, nutzlos, wertlos, ergebnislos
3. ‚nicht notwendig': entbehrlich, überflüssig, unnötig
4. ‚schädlich': abträglich, ungünstig, unzuträglich, schlecht, schädlich, gefährlich, nachteilig

Beschreibung der Adjektive

abträglich (abträglicher, am abträglichsten)

Ein solches Benehmen (a) ist dem Ansehen eines Beamten (b) abträglich.

1. ‚schädlich', ‚nachteilig' /geh./
2. a – Merkmalsträger/Abstr/Sn, NS (daß, wie, wer)
   b – Bezugsgröße/Mensch, Abstr/Sd
3. prädikativ:
   Das Auftreten/eine solche Handlung ist der Würde der Gesundheit/dem Direktor abträglich. – Daß er sich so gehen läßt/wie er in der Öffentlichkeit auftritt/mit wem er befreundet ist, das ist ihm abträglich.
   attributiv:
   das seiner Stellung als Geschäftsführer abträgliche Auftreten

annehmbar (annehmbarer, am annehmbarsten)

Der Vorschlag (a) war für alle Beteiligten (b) annehmbar.

1. ‚nützlich', ‚tragbar', ‚akzeptabel'
2. a – Merkmalsträger/Abstr/Sn, NS (daß)
   (b) – Bezugsgröße/Mensch (Kollektiv)/pS (für)
3. prädikativ:
   Der Vorschlag/der Entwurf/die Forderung ist für den Verhandlungspartner/den Käufer annehmbar.
   attributiv:
   das für den Kunden annehmbare Angebot

dienlich   (dienlicher, am dienlichsten)

Diese Auskünfte (a) sind der weiteren Arbeit (b) dienlich.

1. ‚nützlich', ‚förderlich'
2. a – Merkmalsträger/Konkr, Abstr/Sn, NS (daß)
   b – Bezugsgröße/Konkr, Abstr/Sd
3. prädikativ:
   Diese Halle/die Forderung/der Ratschlag ist den Bauherren/der Weiterentwicklung dienlich. Daß die Halle vor dem Winter fertig ist, ist der weiteren Arbeit dienlich.
   attributiv:
   der der Polizei für die weiteren Ermittlungen dienliche Hinweis

entbehrlich   (entbehrlicher, am entbehrlichsten)

Dieser Komfort (a) ist für die Bewohner (b) entbehrlich.

1. ‚gleichgültig', ‚nicht unbedingt erforderlich'
2. a – Merkmalsträger/Konkr, Abstr/Sn
   (b) – Bezugsgröße/Mensch/pS (für)
3. prädikativ:
   Sahne/fettes Fleisch/eine genaue Erklärung ist für gesund lebende Menschen/für die Leser dieses Buches entbehrlich.
   attributiv:
   der für Genesende entbehrliche Krankenstuhl

ergebnislos   (nicht komparierbar)

Die Verhandlungen (a) waren für alle Beteiligten (b) ergebnislos.

1. ‚nutzlos', ‚ohne Ergebnis'
2. a – Merkmalsträger/Abstr/Sn
   (b) – Bezugsgröße/Mensch (Kollektiv)/pS (für)
3. prädikativ:
   Dieser Tag/der Versuch/das Gespräch war für beide Partner/das ganze Land ergebnislos.
   attributiv:
   die für beide Partner ergebnislosen Gespräche

ersprießlich   (ersprießlicher, am ersprießlichsten)

Die Unterhaltung (a) war für jeden Beteiligten (b) ersprießlich.

1. ‚nützlich', ‚fruchtbar', ‚gedeihlich' /geh./
2. a – Merkmalsträger/Mensch (Kollektiv), Abstr/Sn, NS (daß)
   (b) – Bezugsgröße/Mensch (Kollektiv)/pS (für)
3. prädikativ:
   Die Verhandlung/der Gedanke/die gemeinsame Arbeit war für die Partner/

die ganze Diskussionsrunde ersprießlich. – Daß sie so eng zusammenarbeiteten, war für alle ersprießlich.
attributiv:
die für beide Firmen ersprießliche Kooperation

förderlich (förderlicher, am förderlichsten)

Die Lektüre dieser Bücher (a) war seiner Bildung (b) sehr förderlich.

1. ‚nützlich‘, ‚dienlich‘
2. a – Merkmalsträger/Abstr/Sn
   b – Bezugsgröße/Konkr, Abstr/pS (für), Sd
3. prädikativ:
   Dieser Kompromiß/die enge Zusammenarbeit/diese einmalige Anstrengung war für die ganze Belegschaft/für alle Beteiligten/für die weitere Entwicklung förderlich.
   attributiv:
   die für alle Beteiligten förderliche Zusammenarbeit

fruchtbar (fruchtbarer, am fruchtbarsten)

Der Erfahrungsaustausch (a) war für alle Teilnehmer (b) sehr fruchtbar.

1. ‚nützlich‘, ‚ersprießlich‘, ‚ertragreich‘
2. a – Merkmalsträger/Abstr/Sn, NS (daß)
   (b) – Bezugsgröße/Mensch (Kollektiv), Abstr/pS (für)
3. prädikativ:
   Dieses Gespräch/die Idee/die Lehrtätigkeit war für die Teilnehmer/die Studenten/das ganze Team sehr fruchtbar. – Daß eifrig diskutiert wurde, war für alle fruchtbar.
   attributiv:
   die für beide Parteien fruchtbare Aussprache

fruchtbringend (fruchtbringender, am fruchtbringendsten)

Diese Diskussion (a) war für alle (b) sehr fruchtbringend.

1. ‚nützlich‘, ‚ertragreich‘, ‚fruchtbar‘
2. a – Merkmalsträger/Abstr/Sn, NS (daß)
   (b) – Bezugsgröße/Mensch (Kollektiv), Abstr/pS (für)
3. prädikativ:
   Die Kritik/das Gespräch war für die ganze Belegschaft/die Weiterentwicklung der Forschung sehr fruchtbringend. – Daß so zielgerichtet diskutiert wurde, war für alle sehr fruchtbringend.
   attributiv:
   die für alle sehr fruchtbringende Diskussion

fruchtlos (Komparation nicht üblich)

Alle Bemühungen der Beteiligten (a) waren fruchtlos.

1. ‚nutzlos', ‚erfolglos', ‚vergeblich'
2. a – Merkmalsträger/Abstr/Sn
3. prädikativ:
Die Versuche/die Kritiken/die Anstrengungen blieben fruchtlos.
attributiv:
die fruchtlosen Gespräche

gedeihlich (gedeihlicher, am gedeihlichsten)

Die Zusammenarbeit (a) war für beide Länder (b) gedeihlich.

1. ‚nützlich', ‚fruchtbar' /geh./
2. a – Merkmalsträger/Abstr/Sn
   b – Bezugsgröße/Mensch (Kollektiv), Abstr/pS (für)
3. prädikativ:
Die Diskussion/die Verhandlung/das Ergebnis war für die Gaststätten/die Partner sehr gedeihlich. – Daß dieses Ergebnis zustande kam, war für alle gedeihlich.
attributiv:
die für alle Beteiligten sehr gedeihliche Zusammenarbeit

geeignet (geeigneter, am geeignetsten)

Dieser junge Mann (a) ist geeignet als Lehrer (b).

1. ‚nützlich', ‚befähigt', ‚passend'
2. a – Merkmalsträger/Konkr, Abstr/Sn
   b – Zweck/Konkr, Abstr/pS (für, zu; auch: als)
3. prädikativ:
Der Junge/der Ingenieur ist geeignet als Torsteher/Abteilungsleiter. Dieses Material/dieser Artikel ist geeignet für einen Anzug/für unsere Zeitschrift. Der Student/dieses Buch ist geeignet zum Lehrer/zum Geschenk.
attributiv:
der als Lehrer geeignete Bewerber

gefährlich (gefährlicher, am gefährlichsten)

Diese Strahlen (a) sind gefährlich für den Patienten (b).

1. ‚schädlich', ‚unheildrohend'
2. a – Merkmalsträger/Konkr, Abstr/Sn
   (b) – Bezugsgröße/Mensch (Kollektiv)/pS (für)
3. prädikativ:
Der Verbrecher/der Löwe ist gefährlich für die Einwohner/die Stadt. Die Krankheit ist gefährlich für die Betroffenen/die Menschheit.

attributiv:
die für das ganze Land gefährliche Epidemie

günstig (günstiger, am günstigsten)

Die Witterung (a) ist günstig für die Landwirtschaft (b).
1. ‚nützlich', ‚vorteilhaft'
2. a – Merkmalsträger/Konkr, Abstr/Sn
   b – Bezugsgröße/Konkr, Abstr/pS (für)
3. prädikativ:
Das Gesprächsklima war günstig für die Verhandlungspartner. Die Lage ist günstig für den Gemüseanbau. Der Schnee ist günstig für die Wintersaat.
attributiv:
der für den Angeklagten günstige Prozeßverlauf

gut (besser, am besten)

Das Wetter (a) war gut für die Reise (b).
1. ‚nützlich', ‚günstig', ‚erfreulich'
2. a – Merkmalsträger/Konkr, Abstr/Sn, NS (daß)
   b – Bezugsgröße/Konkr, Abstr/pS (für)
3. prädikativ:
Der Film/der Lehrer/der Gedanke/die Gegend ist gut für die Kinder/die Klasse/die Diskussion/die Gesundheit. – Daß die Wahrheit ausgesprochen wurde, war gut für die Verhandlung.
attributiv:
eine für die Genesung gute Gegend

heilsam (heilsamer, am heilsamsten)

Diese Erfahrung (a) war für den jungen Mann (b) heilsam.
1. ‚nützlich', ‚geeignet, jemandem zur Lehre zu dienen'
2. a – Merkmalsträger/Abstr/Sn, NS (daß)
   b – Bezugsgröße/Mensch (Kollektiv)/pS (für), Sd
3. prädikativ:
Diese Lehre/die Ernüchterung/die Kritik war heilsam für die Kinder/den Verteidiger/den Trainer. – Daß er so scharf kritisiert wurde, war heilsam für den Geschäftsinhaber.
Zuweilen auch: Die Kritik war ihm heilsam.
attributiv:
die für alle heilsame Kritik

nachteilig (nachteiliger, am nachteiligsten)

Das Urteil (a) war für den Angeklagten (b) nachteilig.

1. ‚schädlich', ‚Nachteil bringend', ‚unerfreulich'
2. a – Merkmalsträger/Abstr/Sn, NS (daß)
   b – Bezugsgröße/Konkr, Abstr/pS (für)
3. prädikativ:
   Das Ergebnis/der Beschluß war für die Kooperation/die weiteren Verhandlungen nachteilig. – Daß es zu keiner Einigung kam, war für alle nachteilig.
   attributiv:
   die für die Stadt nachteilige Entscheidung

nutzbringend (nutzbringender, am nutzbringendsten)

Der von dem jungen Konstrukteur eingebrachte Vorschlag (a) war für das ganze Unternehmen (b) äußerst nutzbringend.

1. ‚nützlich', ‚Vorteil/Gewinn bringend'
2. a – Merkmalsträger/Abstr/Sn
   (b) – Bezugsgröße/Konkr, Abstr/pS (für)
3. prädikativ:
   Das Patent/das Gesetz/der Gedanke war für die Firma/die Bevölkerung/die Freunde nutzbringend.
   attributiv:
   die für das Baugelände nutzbringende Verordnung

nützlich (nützlicher, am nützlichsten)

Das Gerät (a) ist für die Gartenarbeit (b) nützlich.

1. ‚für die Hervorbringung eines Nutzens geeignet', ‚erfreulich'
2. a – Merkmalsträger/Konkr, Abstr/Sn, NS (daß)
   b – Bezugsgröße/Konkr, Abstr/pS (für)
3. prädikativ:
   Dieser neue Mitarbeiter/dieses Tier/das Gerät/dieser Vorschlag ist für das Geschäft/den Blinden/den Arbeiter/die weitere Entwicklung sehr nützlich. – Daß das Patent bereits jetzt angemeldet werden konnte, ist für alle Beteiligten nützlich.
   attributiv:
   der für die weitere Diskussion nützliche Gedanke

nutzlos (Komparation nicht üblich)

Die Versuche (a) waren völlig nutzlos.

1. ‚für die Hervorbringung eines Nutzens nicht geeignet'
2. a – Merkmalsträger/Konkr, Abstr/Sn, NS (daß)
3. prädikativ:
   Der schwere Aufstieg auf den Berg/die Anstrengung war nutzlos. – Daß er sich so angestrengt hatte, war nutzlos.
   attributiv:
   die völlig nutzlose Bemühung

sachdienlich (sachdienlicher, am sachdienlichsten)

Die Angaben des Zeugen (a) waren für das Gericht (b) sachdienlich.

1. ‚nützlich', ‚einem Gegenstand, einer Sache förderlich'
2. a – Merkmalsträger/Abstr/Sn, NS (daß)
   (b) – Bezugsgröße/Mensch (Kollektiv)/pS (für)
3. prädikativ:
Die Vorschläge/die Aussagen/die Hinweise waren für die Untersuchungskommission/den Bürgermeister sehr sachdienlich. – Daß er so viele Details mitteilte, war für den Untersuchenden sachdienlich.
attributiv:
die für das Gericht sachdienliche Aussage des Zeugen

schädlich (schädlicher, am schädlichsten)

Das Rauchen (a) ist für die Gesundheit (b) schädlich.

1. ‚Schaden zufügend', ‚negative Folgen aufweisend'
2. a – Merkmalsträger/Konkr, Abstr/Sn, NS (daß), Inf
   (b) – Bezugsgröße/Konkr, Abstr/pS (für)
3. prädikativ:
Übermäßiger Alkoholgenuß ist schädlich für junge Menschen/eine hohe Leistungsfähigkeit. – Daß er viel Fett ißt/viel Fett zu essen ist schädlich für jeden Menschen.
attributiv:
das gerade für ältere Menschen schädliche gehaltvolle Abendessen

schlecht (schlechter, am schlechtesten)

Die Nachricht (a) war schlecht für meinen Freund (b).

1. ‚schädlich', ‚ungünstig', ‚unerfreulich'
2. a – Merkmalsträger/Abstr/Sn, NS (daß)
   b – Bezugsgröße/Konkr, Abstr/pS (für)
3. prädikativ:
Die Lage/die Situation/die Aussicht ist schlecht für die Beteiligten/unsere Stadt/die Weiterführung der Verhandlungen. – Daß er so lange im Krankenhaus liegen mußte, war schlecht für meinen Nachbarn.
attributiv:
die für den termingemäßen Abschluß schlechte Situation

sinnlos (Komparation nicht üblich)

Diese Aufopferung (a) war für die Verteidiger (b) sinnlos.

1. ‚nutzlos', ‚zwecklos', ‚ohne Bedeutung'
2. a – Merkmalsträger/Abstr/Sn, NS (daß), Inf
   (b) – Bezugsgröße/Konkr, Abstr/pS (für)

3. prädikativ:
Der Versuch / die Anstrengung / der Tod der Soldaten war für das Erreichen des Ziels / die Menschen des Landes sinnlos. – Daß sie sich so anstrengten / sich so anzustrengen war für die Erfüllung der Aufgabe sinnlos.
attributiv:
das für den Umweltschutz sinnlose Experiment

überflüssig (Komparation nicht üblich)

Diese Bemerkung (a) war äußerst überflüssig.

1. ‚nutzlos‘, ‚entbehrlich‘
2. a – Merkmalsträger / Konkr, Abstr / Sn, NS (daß), Inf
3. prädikativ:
Dieses Referat / dieser Gegenstand / Luxus ist überflüssig. – Daß man sich so vorbereitet / sich so vorbereitet zu haben ist völlig überflüssig.

ungünstig (ungünstiger, am ungünstigsten)

Die Bahnverbindung (a) ist ungünstig für die Arbeiter (b).

1. ‚schädlich‘, ‚von Nachteil‘
2. a – Merkmalsträger / Abstr / Sn, NS (daß), Inf
   (b) – Bezugsgröße / Konkr, Abstr / pS (für)
3.. prädikativ:
Das Wetter / der Verlauf der Verhandlungen / die Beurteilung ist ungünstig für die Beteiligten / die Urlauber / den Bewerber. – Daß keine Einigung erzielt wurde / keine Einigung erzielt zu haben ist ungünstig für die weiteren Verhandlungen.
attributiv:
das vor allem für ältere Menschen ungünstige Klima

unnötig (Komparation nicht üblich)

Diese Anstrengung (a) war unnötig.

1. ‚nutzlos‘, ‚überflüssig‘
2. a – Merkmalsträger / Abstr / Sn, NS (daß)
3. prädikativ:
Die Strenge / die Härte / die Mühe war unnötig. – Daß er sich so viel Mühe gegeben hat, war unnötig.
attributiv:
die unnötige Warterei

unnütz (Komparation nicht üblich)

Das ganze Gerede (a) war unnütz.

1. ‚nutzlos', ‚überflüssig'
2. a – Merkmalsträger/Abstr/Sn, NS (daß)
3. prädikativ:
Die Aufregungen/die Sorgen waren unnütz. – Daß er alle Mitarbeiter einsetzte, war unnütz.
attributiv:
der unnütze Einsatz der Technik

unzuträglich (unzuträglicher, am unzuträglichsten)

Der viele Alkohol (a) ist für seine Gesundheit (b) unzuträglich.

1. ‚schädlich', ‚bezogen auf die Gesundheit'
2. a – Merkmalsträger/Konkr, Abstr/Sn, NS (daß)
   b – Bezugsgröße/Mensch (dessen Gesundheit/pS (für), Sd
3. prädikativ:
Das Rauchen/das späte Zubettgehen ist für den Jungen/dessen Gesundheit unzuträglich. – Daß er so wenig schläft, ist dem jungen Mann unzuträglich.
attributiv:
der seiner Gesundheit unzuträgliche hohe Alkoholkonsum

vorteilhaft (vorteilhafter, am vorteilhaftesten)

Der Vertrag (a) ist für beide Partner (b) vorteilhaft.

1. ‚nützlich', ‚günstig', ‚Nutzen bringend'
2. a – Merkmalsträger/Konkr, Abstr/Sn, NS (daß), Inf
   (b) – Bezugsgröße/Konkr, Abstr/pS (für)
3. prädikativ:
Das Angebot/dieses Ergebnis/der große Schrank ist für die Käufer/die Familie/die Aufbewahrung der Winteräpfel sehr vorteilhaft. – Daß der Keller trocken ist, ist für die Lagerung der Kartoffeln vorteilhaft. Immer über die moderne Technik zu verfügen ist für das Unternehmen vorteilhaft.
attributiv:
der für die Realisierung vorteilhafte Termin

wertlos (Komparation nicht üblich)

Die Banknoten (a) waren wertlos.

1. ‚nutzlos', ‚ohne materielle und ideelle Bedeutung', ‚ohne Wert'
2. a – Merkmalsträger/Konkr, Abstr/Sn
3. prädikativ:
Das Geld/der Schmuck/deine Information ist wertlos.
attributiv:
das wertlose Gerümpel

zwecklos (Komparation nicht üblich)
Der Kräfteaufwand (a) ist zwecklos.
1. ‚nutzlos', ‚kein bestimmtes Ergebnis erreichend'
2. a – Merkmalsträger/Abstr/Sn, NS (daß)
3. prädikativ:
Die Strapaze/der Einsatz war zwecklos. – Daß sie sich so einsetzten, war letztlich zwecklos.
attributiv:
die zwecklosen Bemühungen

Übungen

1. annehmbar – dienlich – ersprießlich – förderlich – geeignet – gut – günstig – heilsam – nützlich – vorteilhaft – nutzbringend – gedeihlich – fruchtbar – fruchtbringend – sachdienlich
Welches Adjektiv wählen Sie?

   1) Die wirtschaftliche Zusammenarbeit brachte beiden Ländern Vorteile, sie war ....
   2) Der Rezensent kritisierte den Regisseur. Für ihn war diese Kritik sehr ....
   3) Die Angaben des Untersuchungsrichters waren für das Gericht ....
   4) Das Wetter war für den geplanten Aufstieg auf den hohen Berg ....
   5) Die Diskussion brachte viele neue Erkenntnisse, sie war für alle Beteiligten ....

2. unnütz – fruchtlos – zwecklos – sinnlos – nutzlos – wertlos – unnötig – ergebnislos – überflüssig – entbehrlich
Welches Adjektiv wählen Sie?

   1) Die Diskussion führte zu keinem Ziel, sie war völlig ....
   2) Die Versuche im Labor erreichten ihr Ziel nicht, sie waren auf der ganzen Linie ....
   3) Die Wandergruppe strengte sich sehr an, erreichte aber den Gipfel nicht. Ihr Versuch war also ....
   4) Der Fälscher setzte falsche Banknoten in Umlauf, sie waren ...
   5) Zu diesem Zeitpunkt war die Festung ohne Aussicht auf Entsatz bereits 3 Monate eingeschlossen. Eine weitere Verteidigung war daher ...

3. abträglich – ungünstig – unzuträglich – schlecht – schädlich – gefährlich – nachteilig
Welches Adjektiv wählen Sie?

   1) Zu wenig körperliche Bewegung ist für alle Menschen ....
   2) Die Arbeit in wenig entlüfteten Räumen ist für die Arbeiter ....
   3) Regenwetter ist für den Aufstieg auf den felsigen Berg ....
   4) Eine solche Überheblichkeit ist der Autorität des Lehrers ....

5) Dieses harte Urteil hatte der Angeklagte nicht erwartet, es war für ihn sehr ....

4. Setzen Sie mögliche Bezeichnungen für Dinge und Erscheinungen ein!
1) ... war für den schwachen Schüler förderlich.
2) ... wäre für die Badenden sehr gefährlich.
3) ... war für den Verkehrspolizisten zwecklos.
4) ... wäre der Erzielung eines hohen Hektarertrages unzuträglich.
5) ... wäre für unsere Länder nützlich.

Gefühle

Gefühle sind Empfindungen von Menschen gegenüber von anderen Menschen, Gegenständen, Prozessen und Gedanken. Es handelt sich um psychische Regungen wie Freude, Liebe, Dankbarkeit, Beglückung, Erleichterung, Genugtuung. (Vgl. WÖRTERBUCH DER DEUTSCHEN GEGENWARTSSPRACHE 1967, 1484). Dementsprechend bilden wir zunächst vier Subklassen, den Ausdruck von Gefühlen der Freude, solchen der Trauer, des Ärgers und der Betroffenheit. Weitere Kriterien werden bei der Beschreibung der einzelnen Adjektive herangezogen.

Übersicht über das Wortfeld

1. Gefühl der Freude, des Glücks
   froh, glücklich, begeistert, entzückt, berauscht, hingerissen, überwältigt
2. Gefühl der Trauer
   traurig, betrübt, bekümmert, unglücklich, todunglücklich
3. Gefühl des Ärgers
   ärgerlich, verärgert, ungehalten, verschnupft, eingeschnappt, entrüstet, aufgebracht, wütend, zornig, rasend
4. Gefühl der Betroffenheit
   bestürzt, betroffen, bewegt, ergriffen, gerührt

Bereits hier läßt sich etwas sagen zum Verhältnis der Seme der Intensität als Merkmalen der lexikalischen Semantik und der Fähigkeit der Adjektive, komparlert zu werden. Von mehreren Adjektiven, deren lexikalische Semantik Ausdruck der Intensität ist, ist der Gebrauch der Komparationsstufen nicht möglich oder – hier handelt es sich noch um Zweifelsfälle – nicht üblich.

Beschreibung der Adjektive

ärgerlich (ärgerlicher, am ärgerlichsten)
Der Lehrer (a) ist ärgerlich über das Ergebnis des Diktats (b).
1. ‚Gefühl des Unwillens', ‚verursacht von verschiedenen Erscheinungen', ‚nicht speziell ausgeprägt'
2. a – Merkmalsträger/Mensch (Kollektiv)/Sn
   (b) – Ursache/ohne Selektionsbeschränkung/pS (über, auf), NS (daß), Inf
3. prädikativ:
   Der Reisende/die Familie ist ärgerlich über die Zugverspätung/ die langen Wartezeiten. – Er ist ärgerlich darüber, daß er lange warten mußte/den Zug verpaßt zu haben.
   attributiv:
   der über den Nachbarn/den Lärm ärgerliche Mieter.

aufgebracht (Komparation nicht üblich)
Die Zuhörer (a) waren aufgebracht über die Entscheidung des Gerichtes (b).
1. ‚Gefühl des Unwillens', ‚verursacht von verschiedenen Erscheinungen', ‚von beträchtlicher Intensität'
2. a – Merkmalsträger/Mensch (Kollektiv)/Sn
   (b) – Ursache/Erscheinungen, die Ursachen einer beträchtlichen Erregung sein können/pS (über), NS (daß), Inf
3. prädikativ:
   Der Nachbar/die Mietergemeinschaft/der Angeklagte ist aufgebracht über seinen Vorgesetzten/das dauernde Bellen des Hundes/die Begründung der Entscheidung. – Er ist darüber aufgebracht, daß man ihn nicht in die Entscheidungsfindung einbezogen hat/nicht angehört worden zu sein.
   attributiv:
   der über den Vorgesetzten/die Weisung aufgebrachte Bürger

begeistert (begeisterter, am begeistertsten)
Die Zuschauer (a) waren begeistert vom Tennisspiel des Champions (b).
1. ‚Gefühl der Freude', ‚von verschiedenen Ursachen hervorgerufen', ‚sehr intensiv'
2. a – Merkmalsträger/Mensch (Kollektiv)/Sn
   b – Ursache/ohne Selektionsbeschränkung/pS (von), NS (daß, wie), Inf
3. prädikativ:
   Die Urlauber/die Zuschauer/sind begeistert von der herrlichen Landschaft/ dieser Fußballmannschaft/den wirtschaftlichen Erfolgen. – Sie sind davon begeistert, wie/daß er den Sieg errungen hat/den Sieg miterlebt zu haben.
   attributiv:
   die von den Tieren begeisterten Züchter

bekümmert (bekümmerter, am bekümmertsten)

Die Klasse (a) war bekümmert über den Tod des Lehrers (b).
1. ‚Gefühl der Trauer', ‚mit Kummer versehen', ‚besorgt'
2. a – Merkmalsträger/Mensch (Kollektiv)/Sn
   b – Ursache/Abstr/pS (über), NS (daß), Inf
3. prädikativ:
Der Junge/die Familie ist bekümmert über das tagelange Regenwetter/das Fehlschlagen des Rekordversuches. – Der Enkel ist bekümmert darüber, daß der Großvater nicht gekommen ist/nicht mit dem Großvater ins Kino gehen zu dürfen.
attributiv:
der über die vertrockneten Blumen bekümmerte Gärtner

berauscht (Komparation nicht üblich)

Die Menge (a) war berauscht von den Darbietungen der Künstler (b).
1. ‚Gefühl der Freude', ‚äußerst intensiv', ‚bis zur Trunkenheit'
2. a – Merkmalsträger/Mensch/Sn
   b – Ursache/Erscheinungen, die Menschen in einen Rausch versetzen können/pS (von), NS (wie)
3. prädikativ:
Die Zuschauer/die Betrachter waren berauscht von der Einmaligkeit der Darbietung/der Ausstellung/von der Schwierigkeit der Vorführungen. – Sie waren berauscht davon, wie risikovoll die Übungen ausgeführt wurden.
attributiv:
die von ihrem Sieg berauschten Sportler

bestürzt (nicht komparierbar)

Die Bewohner (a) sind über den Umfang der Katastrophe (b) bestürzt.
1. ‚Gefühl der seelischen Betroffenheit', ‚verursacht durch außergewöhnliche Erscheinungen', ‚sehr intensiv', ‚innerlich'
2. a – Merkmalsträger/Mensch (Kollektiv, Institution)/Sn
   b – Ursache/Konkr, Abstr/pS (über), NS (daß)
3. prädikativ:
Der Vater/die Mannschaft/die Regierung ist bestürzt über seine Worte/die Höhe der Niederlage/die Zahl der Unfalltoten. – Sie ist bestürzt darüber, daß der Untergang des Schiffes viele Tote forderte.
attributiv:
die über das Aussehen der Kranken bestürzten Angehörigen

Anmerkung:
Das Adjektiv *bestürzt* tritt auch in einer einwertigen lexisch-semantischen Variante auf, ‚außer Fassung gebracht', aber auch hier liegt eine Ursache vor, die sich häufig aus dem Kontext ergibt:

Die Eltern waren bestürzt.
die bestürzten Eltern

betroffen (betroffener, am betroffensten)

Die Verkäuferin (a) war über die frechen Bemerkungen der Kundin (b) betroffen.
1. ‚Gefühl der Betroffenheit', ‚unangenehm überrascht', ‚plötzlich'
2. a – Merkmalsträger/Mensch/Sn
   b – Ursache/(außergewöhnliches) Konkr, Abstr/pS (über), NS (daß)
3. prädikativ:
Die Menschen/die Zuschauer/die Teilnehmer waren betroffen über die Arroganz der Sängerin/die Größe des Unglücks. Sie waren davon betroffen, daß der Autofahrer sich nicht um den Verletzten kümmerte.
attributiv:
die über das schlechte Aussehen des Alten betroffene Frau

betrübt (betrübter, am betrübtesten)

Der Arbeiter (a) war über den Verlust des Geldes (b) sehr betrübt.
1. ‚Gefühl der Trauer', ‚wenig intensiv'
2. a – Merkmalsträger/Mensch/Sn
   (b) – Ursache/Abstr/pS (über), NS (daß), Inf
3. prädikativ:
Der Junge/der Trainer ist über das verlorene Spiel/die Verletzung des Mittelstürmers betrübt. – Er ist darüber betrübt, daß die Abendveranstaltung ausfallen muß/an der Abendveranstaltung nicht teilnehmen zu können.
attributiv:
das über die Nachricht betrübte Mädchen

bewegt (Komparation nicht üblich)

Die Trauernden (a) waren von den Worten des Redners (b) sehr bewegt.
1. ‚Gefühl der seelischen Betroffenheit', ‚innerlich betroffen'
2. a – Merkmalsträger/Mensch (Kollektiv)/Sn
   b – Ursache/Konkr, Abstr/pS (von)
3. prädikativ:
Der Zuschauer/die Trauergemeinde/die Festversammlung war von der Emotionalität der Darbietungen/die Rede des Leiters/die Festlichkeit der Veranstaltung bewegt.
attributiv:
die von der Rede bewegten Zuhörer

Anmerkung:
Das Adjektiv *bewegt* tritt auch in einer einwertigen lexisch-semantischen Variante

auf, ‚ergriffen', ‚gerührt', aber auch hier liegt eine Ursache vor, die sich häufig aus dem Kontext ergibt:
die sichtlich bewegten Menschen
Sie waren sichtlich bewegt.

eingeschnappt (nicht komparierbar)

Die Sekretärin (a) ist wegen der Kritik ihres Chefs (b) eingeschnappt.

1. ‚Gefühl der Verärgerung', ‚sich persönlich herabgesetzt fühlend', ‚durch das Verhalten eines Menschen' /umg./
2. a – Merkmalsträger/Mensch/Sn
   b – Ursache/Abstr/pS (wegen), NS (daß)
3. prädikativ:
Der Junge/er ist wegen des Verbotes des Vaters/der Verweigerung der Erlaubnis durch den Direktor eingeschnappt. – Er ist (deswegen) eingeschnappt, daß man ihn nicht zu Wort kommen ließ.
attributiv:
der wegen der Kritik eingeschnappte Arbeiter

entrüstet (Komparation nicht üblich)

Die Bürger (a) sind entrüstet über die Rücksichtslosigkeit mancher Autofahrer (b).

1. ‚Gefühl des Unwillens', ‚im sittlichen Bewußtsein beleidigt', ‚hoher Grad', ‚Unwillen äußernd'
2. a – Merkmalsträger/Mensch (Kollektiv)/Sn
   b – Ursache/ohne Selektionsbeschränkungen (negative Erscheinungen)/pS (über), NS (daß), Inf
3. prädikativ:
Der Arbeiter/die Werkstatt ist entrüstet über die Nachlässigkeit des Mitarbeiters/den unbegründeten Verdacht/die Oberflächlichkeit der Diskussion. Sie ist entrüstet darüber, daß das Problem nicht ausdiskutiert wird/den Jungen in einem so schmutzigen Anzug zu sehen.
attributiv:
der über die abgebrochenen jungen Bäume entrüstete Bürger

entzückt (Komparation nicht üblich)

Die Zuschauer (a) waren von dem Spiel der Jungen und Mädchen auf der Bühne (b) entzückt.

1. ‚Gefühl der Freude', ‚außerordentlich', ‚von verschiedenen Ursachen hervorgerufen'
2. a – Merkmalsträger/Mensch/Sn
   b – Ursache/ohne Selektionsbeschränkungen (positive Erscheinungen)/pS (von), NS (daß, w)

3. prädikativ:
Die Menschen/die Zuschauer/die Leser sind entzückt von der Artistik der Künstler/der Lebendigkeit des Vortrages/diesen edlen Pferden. – Sie sind entzückt davon, mit welcher Leichtigkeit diese schweren Übungen geturnt werden.
attributiv:
die von der Schönheit der Landschaft entzückten Touristen

ergriffen (Komparation nicht üblich)

Die Menschen (a) sind von dem Unglück (b) ergriffen.
1. ‚Gefühl der seelischen Betroffenheit', ‚innerlich betroffen', ‚beträchtlicher Grad'
2. a – Merkmalsträger/Mensch (Kollektiv)/Sn
   b – Ursache/konkrete und abstrakte Erscheinungen, die die Seele des Menschen beträchtlich treffen können/pS (von), NS (daß, wie)
3. prädikativ:
Die Menschen/die Zuhörer waren von den tragischen Ereignissen/der zu Herzen gehenden Rede/der Not der Hungernden ergriffen. – Sie waren davon ergriffen, wie diese einsamen Menschen ihr Leben fristen mußten.
attributiv:
die von dem meisterhaften Violinspiel ergriffenen Menschen

froh (froher, am frohsten)

Die Mannschaft (a) ist froh über den Sieg (b).
1. ‚Gefühl der Freude', ‚beglückt'
2. a – Merkmalsträger/Mensch (Kollektiv)/Sn
   b – Ursache/Abstr/pS (über), NS (daß), Inf
3. prädikativ:
Der Junge/die Familie/die Mannschaft ist froh über den Erfolg/die gelungenen Ferien. – Er ist froh darüber, daß der Winter vorüber ist/die Aufgabe bewältigt zu haben.

Anmerkung:
Das Adjektiv *froh* tritt auch in einer einwertigen lexisch-semantischen Variante ‚heiter', ‚Freude ausdrückend' auf:
Die Kinder/die Menschen sind froh.

gerührt (nicht komparierbar)

Der Jubilar (a) war von solcher Aufmerksamkeit (b) gerührt.
1. ‚Gefühl der Betroffenheit', ‚verwundert', ‚angenehm berührt'
2. a – Merkmalsträger/Mensch/Sn
   b – Ursache/Abstr/pS (von), NS (daß, wie ...)

3. prädikativ:
Die Zuhörer/die Menschen/die Teilnehmer waren gerührt von der Ansprache des Festredners/den Dankesworten des Jubilars. – Der Jubilar war davon gerührt, wie/auf welche Weise man ihn ehrte.
attributiv:
der von den Aufmerksamkeiten gerührte Jubilar

glücklich (glücklicher, am glücklichsten)

Die Mutter (a) ist glücklich über die Geburt eines Sohnes (b).

1. ‚Gefühl der Freude', ‚innere Befriedigung fühlend'
2. a – Merkmalsträger/Mensch (Kollektiv)/Sn
   b – Ursache/Konkr, Abstr/pS (über), NS (daß), Inf
3. prädikativ:
Der Lehrling/der Sportler/der Vater ist glücklich über den erfolgreichen Abschluß der Lehre/den Sieg/den erfolgreichen Sohn. – Er ist glücklich darüber, daß die Aufgabe gelöst ist/die Aufgabe gelöst zu haben.
attributiv:
der über den Erfolg glückliche Meister

Anmerkung:
Das Adjektiv *glücklich* weist 2 weitere lexisch-semantische Varianten auf, beide sind 1wertig:
– ‚erfolgreich': die glückliche Reise, der glückliche Gewinner des Preisausschreibens
– ‚vorteilhaft': der glückliche Umstand, ein glücklicher Gedanke

hingerissen (nicht komparierbar)

Die Zuhörer (a) waren vom Spiel des Pianisten (b) hingerissen.

1. ‚Gefühl der Freude', ‚begeistert', ‚von äußerster Intensität'
2. a – Merkmalsträger/Mensch (Kollektiv)/Sn
   b – Ursache/Konkr, Abstr/pS (von), NS (wie)
3. prädikativ:
Die Zuschauer/die Mädchen waren ganz hingerissen von dem Artisten/der Band/der Vorstellung. – Sie waren ganz hingerissen davon, wie man die Galerie gestaltet hat.
attributiv:
die von dem Feuerwerk ganz hingerissene Menge

rasend (nicht komparierbar)

Der Vater (a) wurde rasend vor Wut (b).

1. ‚Gefühl des Ärgers', ‚wütend', ‚äußerster Grad', ‚häufig mit Gebärden verbunden'

2. a – Merkmalsträger/Mensch/Sn
   b – Ursache/Abstr/pS (vor)
3. prädikativ:
   Der Mann/der Geisteskranke/der Junge war rasend vor Wut/Liebe/Begeisterung.
   attributiv:
   der vor Zorn rasende Mann

traurig (trauriger, am traurigsten)

Der Junge (a) ist traurig über seine vielen Fehler in dem Diktat (b).
1. ‚Gefühl der Trauer', ‚betrübt'
2. a – Merkmalsträger/Mensch (Kollektiv)/Sn
   b – Ursache/Abstr/pS (über), NS (daß), Inf
3. prädikativ:
   Der Nachbar/der Sportler/die Familie ist traurig über die verpaßte Gelegenheit/das verlorene Spiel/den Tod des Vaters. – Er ist traurig darüber, daß das Spiel nicht gewonnen wurde/ihn nicht angetroffen zu haben.
   attributiv:
   der über den Tod des Vaters traurige Sohn

Anmerkung:
Das Adjektiv *traurig* besitzt eine Reihe einwertiger lexisch-semantischer Varianten,
– ‚bedauerlich': eine traurige Nachricht
– ‚armselig': ein trauriger Zustand

überwältigt (Komparation nicht üblich)

Die Zuschauer (a) waren überwältigt von der Qualität der Darbietungen (b).
1. ‚Gefühl der Freude', ‚von verschiedenen Ursachen hervorgerufen', ‚äußerst intensiv'
2. a – Merkmalsträger/Mensch (Kollektiv)/Sn
   b – Ursache/Konkr, Abstr/pS (von), NS (wie)
3. prädikativ:
   Die Mädchen/die Gäste/die Kinder waren überwältigt von der Eleganz der vorgeführten Kleider/der hervorragenden Akustik des Saales/den vielen Geschenken. – Sie waren überwältigt davon, wie leicht die Übungen an den Geräten ausgeführt wurden.
   attributiv:
   die von der Dramatik des Wettkampfes überwältigten Zuschauer

ungehalten (ungehaltener, am ungehaltensten)

Die Teilnehmer der Versammlung (a) waren ungehalten über die Langatmigkeit des Redners (b).

1. ‚Gefühl des Ärgers', ‚unwillig'
2. a – Merkmalsträger/Mensch (Kollektiv)/Sn
   b – Ursache/Mensch, Abstr/pS (über), NS (daß)
3. prädikativ:
   Der Arbeiter/die Hausfrau/die Firma war ungehalten über die verspätete Lieferung des Materials/das Verhalten der Verkäuferin/über den Firmenchef. – Sie waren ungehalten darüber, daß sie so lange warten mußten.
   attributiv:
   die über die lange Wartezeit ungehaltene Kundin

unglücklich (unglücklicher, am unglücklichsten)

Der Vater (a) ist unglücklich über das schlechte Zeugnis des Sohnes (b).

1. ‚Gefühl der Trauer', ‚bedrückt'
2. a – Merkmalsträger/Mensch (Kollektiv)/Sn
   b – Ursache/Konkr, Abstr/pS (über), NS (daß), Inf
3. prädikativ:
   Der Vater/der Schüler/die Klasse ist unglücklich über den neuen Klassenlehrer/das schlechte Ergebnis der Klassenarbeit/den verregneten Wandertag. – Der Junge ist darüber unglücklich, daß er an der Klassenfahrt nicht teilnehmen durfte/an der Klassenfahrt nicht teilnehmen zu dürfen.
   attributiv:
   der über die nichtbestandene Prüfung unglückliche Kandidat

Dazu analog: todunglücklich

Anmerkung:
Das Adjektiv *unglücklich* tritt in einer weiteren lexisch-semantischen Variante auf, die einwertig ist:
‚ungünstig': ein unglücklicher Zufall, unglücklich formulieren

verärgert (nicht komparierbar)

Die Kundin (a) war verärgert über die schlechte Qualität der Reparatur (b).

1. ‚Gefühl des Unwillens', ‚in schlechter Stimmung sein'
2. a – Merkmalsträger/Mensch (Kollektiv)/Sn
   b – Ursache/Abstr/pS (über), NS (daß)
3. prädikativ:
   Der Arbeiter/das Team/der Angestellte war verärgert über die zeitaufwendige Reparatur/über die falsche Darstellung des Problems/das Verhalten des Chefs. – Er war verärgert darüber, daß die Rückerstattung des Geldes so lange dauerte.
   attributiv:
   der über die falsche Darstellung des Problems verärgerte Mitarbeiter

verschnupft (Komparation nicht üblich)

Die Spieler (a) waren wegen der Kritik des Trainers (b) verschnupft.
1. ‚Gefühl des Ärgers', ‚persönlich gekränkt' /umg./
2. a – Merkmalsträger/Mensch/Sn
   b – Ursache/Abstr/pS (wegen), NS (daß)
3. prädikativ:
Die Mutter/die Kundin/die Angestellte war verschnupft wegen der Kritik/ wegen so viel Unverständnis. – Sie war deswegen verschnupft, daß man sie nicht ernst nahm.
attributiv:
die wegen der Kritik verschnupfte Angestellte

wütend (wütender, am wütendsten)

Der Mann (a) war wütend auf den nachts bellenden Hund (b).
1. ‚Gefühl des Ärgers', ‚erregt', ‚sehr intensiv'
2. a – Merkmalsträger/Mensch (Kollektiv)/Sn
   b – Ursache/Konkr, Abstr/pS (über, auf), NS (daß), Inf
   Anm.: Man könnte auch unterscheiden zwischen
       pS (auf): Bezeichnung von Konkreta:
           wütend auf den Nachbarn, die geschlossene Schranke, die Hunde
       pS (über): Bezeichnung durch Abstrakta, die als Ursache auftreten können:
           wütend über die mindere Qualität der Ausführung, die Unfähigkeit des Vorgesetzten
3. prädikativ:
Der Junge/der Fahrgast/die Mannschaft war wütend auf den Schiedsrichter/ auf die defekte Schreibmaschine/über die Langsamkeit der Abfertigung. – Er war wütend darüber, daß er den Zug nicht erreicht hatte/den Zug nicht erreicht zu haben.
attributiv:
die auf den Nachbarn wütende Frau

zornig (zorniger, am zornigsten)

Der Junge (a) war zornig über den Bruder (b).
1. ‚Gefühl des Ärgers', ‚sehr intensiv'
2. a – Merkmalsträger/Mensch/Sn
   b – Ursache/Lebewesen, Abstr/pS (über), NS (daß)
3. prädikativ:
Der Trainer/der Arbeiter/die Hausfrau war zornig über die Mannschaft/über die schlechte Qualität der Ware. – Er war zornig darüber, daß die Mannschaft versagt hatte.
attributiv:
der über den Nachbarn zornige Mann

Übungen

1. *froh – glücklich – begeistert – entzückt – berauscht – hingerissen – überwältigt*
   Welches Adjektiv wählen Sie?
   1) Der Student war ... über seine sehr gut bestandene Zwischenprüfung.
   2) Die Zuhörer waren ... von der Rede des Vorsitzenden.
   3) Die Zuschauer des Automobilrennens waren ... von der Dramatik des Kampfes um die Spitze.
   4) Der Lehrer war ... über (bzw. von) die (den) Leistungen seiner Klasse in den Abschlußprüfungen.

2. *traurig – betrübt – bekümmert – unglücklich – todunglücklich*
   Welches Adjektiv wählen Sie?
   1) Der Enkel war ... über den Tod des Großvaters.
   2) Der kleine Junge war ... über den Verlust des Bleistiftes.
   3) Die Angehörigen sind ..., daß bei dem Unglück 5 Menschen ums Leben gekommen sind.
   4) Der Laborant war ..., daß der Versuch wiederum mißlang.

3. *ärgerlich – verärgert – ungehalten – verschnupft – eingeschnappt – bestürzt – entrüstet – aufgebracht – wütend – rasend – zornig*
   Welches Adjektiv wählen Sie?
   1) Der Verteidiger war ... über den Ton des Staatsanwaltes.
   2) Der Mann war ... über die ungerechtfertigte Kritik.
   3) Der Trainer war ... auf/über den schlecht haltenden Torwart.
   4) Das Publikum war ... über das anmaßende Auftreten des Redners.

4. Ersetzen Sie das Adjektiv durch ein besseres!
   1) Die Kundin war bewegt von der Vielfalt des Angebotes in dem neuen Kaufhaus,
   2) Die Besucher waren berauscht von dem Spiel des Pianisten.
   3) Die Bevölkerung des ganzen Landes war eingeschnappt über die nichtssagende Rede des Präsidenten.
   4) Die Arbeiter waren ergriffen von den Geschäftspraktiken des Unternehmers.

5. Geben Sie für folgende Gefühle mögliche Ursachen an!
   1) Der Busfahrer war todunglücklich ...
   2) Der Bauleiter war verärgert ...
   3) Die Touristen waren überwältigt ...
   4) Der Gartenbesitzer war traurig ...
   5) Der Chirurg war bestürzt ...

Erkenntniseinstellungen

Alle Adjektive dieses Feldes bezeichnen Erkenntniseinstellungen eines Menschen gegenüber Sachverhalten der Wirklichkeit. Sie drücken aus, ob ein Sachverhalt einer Person bekannt oder unbekannt, gewiß oder ungewiß, verständlich oder unverständlich ist.

Die Adjektive dieses Wortfeldes sind zweiwertig. Die Position des Subjekts nimmt bei den meisten eine Sachverhaltsbeschreibung in Form eines Nebensatzes, eines Substantivs oder einer nominalen Wortgruppe ein. Der Erkenntnisträger wird überwiegend vom Dativobjekt repräsentiert. In einigen Fällen ist dieser Dativ der Person unter bestimmten Bedingungen weglaßbar. – Bei einigen Adjektiven *(gewiß, sicher, überzeugt)* steht die Benennung des Erkenntnisträgers im Nominativ.

Übersicht über das Wortfeld

1. ‚Wissen':   bekannt$_2$, bewußt, erinnerlich, gegenwärtig, geläufig – unbekannt
2. ‚Gewißheit':   gewiß, sicher, überzeugt
3. ‚Einsicht', ‚Verständnis': begreiflich, einleuchtend, einsichtig, klar, plausibel, verständlich
4. ‚Unverständnis': unbegreifbar / unbegreiflich, unerfindlich, unfaßbar, rätselhaft, schleierhaft, unverständlich

Beschreibung der Adjektive

begreiflich (Komparation nicht üblich)

Die Erregung des Kindes (a) war den Eltern (b) begreiflich.

1. ‚Verständnis', ‚für bestimmte Sachverhalte und deren psychische Hintergründe' /Ggs. *unbegreiflich*/
2. a – Erkenntnisgegenstand / Vorgang, Zustand / Sn, NS (daß, w)
   (b) – Erkenntnisträger / Mensch (Kollektiv) / Sd
3. prädikativ:
   Daß das Kind vor der Weihnachtsbescherung erregt war, ist begreiflich. – Dein Wunsch, dein Irrtum, sein Zögern ist mir / dem Meister / der Verwandtschaft begreiflich. – Weshalb du ablehnst / wie das Kind reagiert, ist der Familie / den Freunden / den Angehörigen begreiflich.
   attributiv:
   ein uns begreiflicher Irrtum, in begreiflicher Befangenheit

bekannt₂ (bekannter, am bekanntesten)

Der Wanderweg (a) ist den Touristen (b) bekannt.

1. ‚menschliches Wissen', ‚auf einen bestimmten Gegenstand oder Sachverhalt bezogen' /Ggs. *unbekannt*/
2. a – Erkenntnisgegenstand/beliebige Erscheinung/Sn, NS (daß, ob, w)
   (b) – Erkenntnisträger/Mensch (Kollektiv, Institution)/Sd
3. prädikativ:
Der Meister/das Werkzeug/die Maschine/die Arbeitsaufgabe ist (den Schülern) bekannt. – Daß/weshalb die geplante Veranstaltung ausfällt, ist den Beschäftigten des Unternehmens bekannt. Ob der Direktor in seinem Büro ist, ist dem Pförtner/dem Personalbüro nicht bekannt. – Dieser Umstand ist dem Personalchef/dem Ensemble/der Behörde bekannt.
attributiv:
ein bekanntes Orchester, der den Anwesenden bekannte Referent, die bekannteste Persönlichkeit

Anmerkung:
Statt des Dativobjekts können auch Ortsangaben und das Adjektiv *allgemein* stehen:
Dieser Künstler ist in unserer Stadt/Frankfurt/im In- und Ausland/allgemein bekannt.

bewußt₁ (nicht komparierbar)

Der Beamte (a) ist sich (a) seiner Verantwortung (b) bewußt.

1. ‚Bewußtheit', ‚auf einen Gegenstand oder Sachverhalt bezogen'
2. a – Erkenntnisträger/Mensch (Kollektiv, Institution)/Sn + Reflexivum (Sd)
   b – Erkenntnisgegenstand/Abstr/Sg, NS (daß, w)
3. prädikativ:
Das Mädchen/die Gruppe/das Team ist sich bewußt, welche Folgen ihre/seine Tat haben kann. – Der Mann war sich der drohenden Gefahr/seines Irrtums/seiner Schuld bewußt. Er war sich bewußt, daß er einen Fehler gemacht hatte/was er falsch gemacht hatte.
attributiv:
der sich seiner Verantwortung bewußte Meister

bewußt₂ (nicht komparierbar, nur prädikativ)

Dem Bewerber (a) war/wurde bewußt, welches Risiko er einging (b).

1. ‚Bewußtheit oder Bewußtwerden', ‚eines Sachverhalts'
2. a – Erkenntnisträger/Mensch/Sd
   b – Erkenntnisgegenstand/Vorgang, Zustand/NS (daß, ob, w)
3. prädikativ:
Dem Lehrer war/wurde bewußt, daß die Schüler großes Vertrauen in ihn setzten/was der Direktor von ihm erwartete. Der jungen Frau wurde bewußt,

daß sie sich in ihren Trainer verliebt hatte. Dem Kind war nicht bewußt, ob es auf dem richtigen Wege war / wie lange es schon wartete.
attributiv:
nicht möglich

einleuchtend (einleuchtender, am einleuchtendsten)

Die Darlegungen des Referenten (a) erschienen den Versammelten (b) einleuchtend.

1. ‚Verständnis', ‚für intellektuell erfaßte Zusammenhänge und Argumentationen'
2. a – Erkenntnisgegenstand / Abstr / Sn, NS (daß, w)
   (b) – Erkenntnisträger / Mensch (Kollektiv) / Sd
3. prädikativ:
Seine Argumente / die Motive seines Handelns / die Erklärungen sind (mir, uns) einleuchtend. – Was der Gutachter darlegte, war den Geschworenen / dem Gericht / dem Publikum einleuchtend. Daß dieser Zwischenfall meinen Freund überraschte, ist (den Bekannten) einleuchtend.
attributiv:
eine einleuchtende Begründung, die mir einleuchtendste Erklärung

einsichtig (nicht komparierbar)

Die Beweggründe der Jugendlichen (a) waren den Pädagogen (b) einsichtig.

1. ‚Verständnis', ‚für Sachverhalte und Zusammenhänge'
2. a – Erkenntnisgegenstand / Abstr / Sn, NS (daß, w)
   (b) – Erkenntnisträger / Mensch (Kollektiv) / Sd
3. prädikativ:
Die Anweisungen / Festlegungen / Maßnahmen sind den Mitarbeitern einsichtig. Daß der Arbeiter die genaue Untersuchung der Unfallursachen gefordert hat, ist dem Direktor / der Gewerkschaft einsichtig. Den Eltern ist nicht einsichtig, weshalb sich der Junge gegen die Angreifer nicht gewehrt hat. Daß es so kommen mußte, ist einsichtig.
attributiv:
die den Handwerkern einsichtige Entscheidung des Meisters, eine einsichtige Erklärung

Anmerkung:
Zu unterscheiden ist das Semem ‚verständnisvoll', ‚Verständnis zeigend':
ein einsichtiger Mann, Politiker

erinnerlich (nicht komparierbar)

Den Besucher vorher je gesehen zu haben (a) ist der Hausfrau (b) nicht erinnerlich.

1. ‚menschliches Wissen', ‚auf Vergangenes bezogen' / geh. /

2. a – Erkenntnisgegenstand/beliebige Erscheinung außer Lebewesen/Sn, Inf, NS (daß, w, ob)
   b – Erkenntnisträger/Mensch/Sd
3. prädikativ:
Der Vorfall/der Name des Nachbarn/seine Gesichtszüge/seine Reaktion ist/sind mir noch gut erinnerlich. Mir ist erinnerlich, daß mein Onkel damals sehr krank war. Ob Paul an dem Einsatz teilgenommen hat/wann er gekommen ist, ist dem Lehrer/den Mitschülern nicht erinnerlich.
attributiv:
die allen Teilnehmern noch gut erinnerliche Exkursion

gegenwärtig (nicht komparierbar, nur prädikativ)

Jede Einzelheit (a) ist den Augenzeugen (b) noch gegenwärtig.

1. ‚menschliches Wissen', ‚auf Vergangenes bezogen' /geh./
2. a – Erkenntnisgegenstand/Vorgang, Zustand/Sn, NS (daß, ob, w)
   b – Erkenntnisträger/Mensch/Sd
3. prädikativ:
Die Umstände dieser Begebenheit/sein Erschrecken/Pauls Bestürzung/deine Empörung ist mir gegenwärtig. Wie überrascht du warst/daß ein Arzt gerufen werden mußte, ist mir gegenwärtig. Ob Erika damals dabei war, ist mir nicht (mehr) gegenwärtig. – Das Problem ist dem Manne/den Diskussionspartnern durchaus gegenwärtig.
attributiv:
nicht möglich, nur in anderer Bedeutung: die gegenwärtige (= jetzige) Lage/Situation

geläufig (nicht komparierbar)

Der Name des Arztes (a) ist vielen Patienten (b) geläufig.

1. ‚Bekanntheit', ‚Vertrautheit', ‚eines sprachlichen Ausdrucks', ‚durch Überlieferung oder Verbreitung'
2. a – Erkenntnisgegenstand/sprachlicher Ausdruck/Sn
   (b) – Erkenntnisträger/Mensch, Institution/Sd
3. prädikativ:
Der Ausdruck/Begriff, die Redewendung/das Sprichwort ist dem Greis/der alten Frau geläufig. Der Name ist der Polizei/der Behörde/dem Amt geläufig.
attributiv:
eine geläufige Redensart, die meinen Eltern geläufige Adresse, ein unserer Zeit geläufiger Gedanke

gewiß (nicht komparierbar)

Der Vater (a) ist der Zustimmung seiner Kinder (b) gewiß.

1. ‚volle persönliche Überzeugtheit' /Ggs. *ungewiß*/

2. a – Erkenntnisträger/Mensch (Kollektiv, Institution)/Sn
   b – Erkenntnisgegenstand/Abstr/Sg, NS (daß)
3. prädikativ:
   Der Gelehrte/das Forscherteam/die Akademie ist seines/ihres Projektes gewiß. – Er ist unserer Hilfe/unseres Mitgefühls/unseres Dankes gewiß. Der Arzt ist (dessen) gewiß, daß seine Therapie zur Gesundung des Patienten führt.
   attributiv:
   die ihres Erfolges gewisse Mannschaft

klar (klarer, am klarsten)

Daß er sich verantworten muß (a), ist dem Beschuldigten (b) klar.
1. ‚Verständnis‘, ‚für bestimmte Sachverhalte‘ /Ggs. *unklar*/
2. a – Erkenntnisgegenstand/Abstr (Sachverhalt)/Sn, NS (daß, w)
   (b) – Erkenntnisträger/Mensch (Kollektiv)/Sd
3. prädikativ:
   Die Angelegenheit/die Beweisführung/das Versagen des Kandidaten ist allen klar. Mir ist nicht klar, wie du zu diesem Resultat kommst. – Der Freundin/der Familie/der Seminargruppe sind die Absichten des Studenten klar.
   attributiv:
   eine klare Entscheidung, eine allen Anwesenden klare Beweisführung/Argumentation

plausibel (plausibler, am plausibelsten)

Die Antwort des Referenten (a) war allen Zuhörern (b) plausibel.
1. ‚Verständnis‘, ‚für bestimmte sprachlich gefaßte Sachverhalte‘
2. a – Erkenntnisgegenstand/Abstr/Sn, NS (daß)
   (b) – Erkenntnisträger/Mensch/Sd
3. prädikativ:
   Die Darstellung/die Ausrede/die Erklärung ist plausibel. Daß er als Anfänger noch etwas unsicher ist, erscheint (mir, uns) plausibel. – Den Schülern/der Klasse/der Mannschaft ist das, was er sagt, plausibel.
   attributiv:
   ein plausibler Grund, eine allen plausible Erklärung

rätselhaft (rätselhafter, am rätselhaftesten)

Der plötzliche Trotz des Kindes (a) war den Eltern (b) rätselhaft.
1. ‚Unverständnis‘, ‚für nicht erwartete Sachverhalte‘
2. a – Erkenntnisgegenstand/Mensch, Abstr/Sn, NS (daß, w)
   b – Erkenntnisträger/Mensch/Sd
3. prädikativ:
   Diese Frau/deine Rede/der Krankheitsverlauf ist uns rätselhaft. Mir ist rätsel-

haft, wie das alles geschehen konnte. Daß die vermißte Person plötzlich in der Stadt auftauchte, erschien den Nachbarn/der Verwandtschaft rätselhaft.
attributiv:
eine rätselhafte Krankheit/Schönheit; unter (allen Betroffenen) rätselhaften Umständen

schleierhaft (schleierhafter, am schleierhaftesten)

Wie der Mann das Geld so rasch verbrauchen konnte (a), ist der Frau (b) schleierhaft.
1. ‚Unverständnis', ‚für nicht erwartete Sachverhalte' /umg./
2. a – Erkenntnisgegenstand/Abstr/Sn, NS (daß, w)
   b – Erkenntnisträger/Mensch/Sd
3. prädikativ:
Diese Geschichte/Angelegenheit/sein plötzliches Verschwinden ist uns schleierhaft. Daß/wie die Insekten diese hohen Temperaturen überstehen konnten, ist mir schleierhaft. – Das Vorgefallene ist den Eltern/dem Arzt/dem Lehrer schleierhaft.
attributiv:
eine uns schleierhafte Angelegenheit

sicher (nicht komparierbar)

Die Gastgeber (a) sind (sich) sicher, daß es den Gästen gefallen hat (b).
1. ‚persönliche Überzeugtheit'
2. a – Erkenntnisträger/Mensch (Kollektiv, Institution)/Sn (+ Refl. Sd)
   b – Erkenntnisgegenstand/Abstr/Sg, NS (daß, ob)
3. prädikativ:
Die Schülerin/die Gruppe/die Abteilung ist (sich) ihrer Sache (sehr, völlig) sicher. – Bist du sicher, daß/ob deine Eltern einverstanden sind? Wir sind sicher, ihr werdet euch bei uns wohlfühlen.
attributiv:
der seines Erfolges/seiner betörenden Wirkung sichere Kavalier

überzeugt (nicht komparierbar)

Der Anwalt (a) ist von der Unschuld seines Mandanten (b) überzeugt.
1. ‚persönliche Überzeugtheit'
2. a – Erkenntnisträger/Mensch (Kollektiv, Institution)/Sn
   b – Erkenntnisgegenstand/Abstr/pS (von), NS (daß)
3. prädikativ:
Der Direktor/die Leitung/unser Institut ist (davon) überzeugt, daß der neue Mitarbeiter dieser Aufgabe gewachsen ist. – Wir sind von deiner Aufrichtigkeit/vom Gelingen des Planes überzeugt. Katrin ist von sich sehr überzeugt (= ‚selbstsicher', ‚eingebildet'; *spöttisch*).

attributiv:
der von der Schuld des Verdächtigen überzeugte Polizist

unbegreiflich (unbegreiflicher, am unbegreiflichsten)

Das Versagen des Prüflings (a) ist der Kommission (b) unbegreiflich.

1. ‚Unverständnis', ‚Einsicht nicht vorhanden' /Ggs. *begreiflich*/
2. a – Erkenntnisgegenstand/Abstr/Sn, NS (daß, w)
   (b) – Erkenntnisträger/Mensch (Kollektiv, Institution)/Sd
3. prädikativ:
Dieser Zwischenfall/sein plötzlicher Tod/deine Naivität ist (uns) unbegreiflich. Mir ist unbegreiflich, daß/wie/warum so etwas geschehen konnte. – Der Unfall ist den daran Beteiligten/der Verkehrspolizei unbegreiflich.
attributiv:
ein unbegreiflicher Leichtsinn, eine unbegreifliche Frechheit.

unbekannt (nicht komparierbar)

Die Tatumstände (a) sind der Kriminalpolizei (b) (noch) unbekannt.

1. ‚persönlichem, individuellem Wissen verborgen' /Ggs. *bekannt*/
2. a – Erkenntnisgegenstand/Abstr, Konkr/Sn, NS (daß, ob, w)
   (b) – Erkenntnisträger/Mensch (Kollektiv, Institution)/Sd
3. prädikativ:
Der Täter/das Tatwerkzeug/der Tathergang/das Tatmotiv ist (mir) unbekannt. Wie/wann/warum es zu dem Unfall kam, ist unbekannt. Ob/daß mein Vater Anzeige erstattet hat, war mir unbekannt. – Die Krankheitsursache ist dem Arzt/dem Ärzteteam/der Medizin (noch) unbekannt.
attributiv:
ein (mir) unbekannter Künstler, eine (den Anwesenden) unbekannte Person, die unbekannte Größe x

unfaßbar (Komparation nicht üblich)

Der plötzliche Tod des Vaters (a) war den Hinterbliebenen (b) unfaßbar.

1. ‚Unverständnis', ‚das Vorstellungsvermögen übersteigend', ‚oft Erschrecken, Entsetzen bekundend'
2. a – Erkenntnisgegenstand/Abstr (Sachverhalt mit negativer Gefühlswirkung)/Sn, NS (daß, w)
   (b) – Erkenntnisträger/Mensch/Sd
3. prädikativ:
Daß/wie er etwas so Furchtbares hat tun können, ist (mir) unfaßbar. Die Folgen/Opfer der Naturkatastrophe sind den Betroffenen/der Rettungsmannschaft unfaßbar.
attributiv:
eine unfaßbare Katastrophe/Grausamkeit/ein unfaßbares Wunder/Glück (in der Gefahr)

unerfindlich (nicht komparierbar)

Daß du diesem Betrüger aufgesessen bist (a), ist den Freunden (b) unerfindlich.
1. ‚Unverständnis', ‚persönliches Vorstellungsvermögen übersteigend'
2. a – Erkenntnisgegenstand/Abstr/Sn, NS (daß, w)
   (b) – Erkenntnisträger/Mensch/Sd
3. prädikativ:
   Es ist (uns) unerfindlich, warum/weshalb auf dieser Strecke kein Autobus verkehrt. Was sich der Junge dabei gedacht hat, ist/bleibt unerfindlich. Die Beweggründe dieser Maßnahme sind uns/den Bürgern der Stadt unerfindlich.
   attributiv:
   aus mir unerfindlichen Gründen

unerklärlich (nicht komparierbar)

Die Havarie des Tankers (a) ist den Technikern (b) unerklärlich.
1. ‚Unverständnis', ‚Sachverhalt kann nicht erklärt werden' /Ggs. *erklärlich*/
2. a – Erkenntnisgegenstand/Abstr (Geschehen)/Sn, NS (daß, w)
   (b) – Erkenntnisträger/Mensch (Kollektiv, Institution)/Sd
3. prädikativ:
   Daß/weshalb uns der Bekannte so täuschen konnte, ist (uns) unerklärlich. Seine hartnäckige Weigerung ist (mir) unerklärlich. – Diese Menschenscheu ist dem Lehrer/den Mitschülern/der Klasse/der Psychologin unerklärlich.
   attributiv:
   der unerklärliche Krankheitsverlauf, eine unerklärliche Angst/Sehnsucht

unverständlich (unverständlicher, am unverständlichsten)

Der plötzliche Themenwechsel (a) war den Gesprächspartnern (b) unverständlich.
1. ‚Unverständnis', ‚mit dem Verstand nicht (voll) zu erfassen' /Ggs. *verständlich*/
2. a – Erkenntnisgegenstand/Abstr, Äußerung, Text/Sn, NS (daß, w)
   (b) – Erkenntnisträger/Mensch (Kollektiv)/Sd
3. prädikativ:
   Der Sinn seiner Rede/diese Handlungsweise/das Versagen der Bremsen ist (uns) unverständlich. Der Roman/der Essay ist unverständlich. Daß der Freund die Einladung abgelehnt hat/weshalb er die günstige Chance nicht genutzt hat, ist den Eltern/der Familie/den Verwandten unverständlich.
   attributiv:
   ein unverständliches Kauderwelsch, eine (den Beschäftigten) unverständliche Maßnahme

verständlich (verständlicher, am verständlichsten)

Der Vortrag (a) ist allen Zuhörern (b) gut verständlich.
1. ‚Verständnis', ‚dem Verstand zugänglich' /Ggs. *unverständlich*/

2. a – Erkenntnisgegenstand / Abstr, Äußerung, Text / Sn, NS (daß, w)
(b) – Erkenntnisträger / Mensch (Kollektiv) / Sd
3. prädikativ:
Die Aufregung des Kindes ist (doch) verständlich. Daß diese Ungerechtigkeit das Kind empört, ist verständlich. Mir ist verständlich, wie er zu dieser Forderung kommt. – Die Erläuterungen des Technikers sind dem Kinde / der Klasse / dem Auditorium / dem Gremium verständlich.
attributiv:
eine verständliche Reaktion / Forderung / Aufregung; Suche eine den Zuhörern verständlichere Formulierung!

Übungen

1. *bekannt – bewußt – sicher – überzeugt – gegenwärtig*
   Welches Adjektiv wählen Sie?
   1) Steffen ist sich seiner Sache ...
   2) Einzelheiten sind mir leider nicht ...
   3) Ist dir ..., daß du mit dieser Behauptung deinen Freund belastest?
   4) Ich bin ganz ..., daß es euch hier gefallen wird.
   5) Der Name dieser Frau ist mir im Augenblick nicht ...
   6) Bist du ganz ..., daß Herr Lehmann jetzt zu Hause ist?
   7) Der Bursche scheint ja von sich sehr ... zu sein.
   8) Dieser Herr ist mir von früheren Begegnungen her ...

2. *einsichtig – begreiflich – klar – plausibel – verständlich*
   Welches Adjektiv wählen Sie?
   1) Uns ist ..., daß du jetzt unsere Hilfe brauchst.
   2) Das Mädchen befand sich in einer ... Erregung.
   3) Die Motive für die Handlungsweise des Mitarbeiters waren seinem Vorgesetzten ...
   4) Hans versteht es oft, eine ... Entschuldigung zu finden.
   5) Wenn du dich ... zeigst, werden wir diesmal von einer Strafe absehen.
   6) Der Sohn machte der Mutter ..., warum er so handeln mußte.

3. *rätselhaft – schleierhaft – unbegreiflich – unfaßbar – unverständlich*
   Welches Adjektiv wählen Sie?
   1) Seine Rede endete in einem ... Gestammel.
   2) Der Angestellte handelte hier mit ... Leichtsinn.
   3) Die Eroberer gingen mit ... Grausamkeit gegen die Besiegten vor.
   4) Diese Passage deines Artikels ist mir leider ...
   5) Wie du zu solchen Verdächtigungen kommst, ist mir ...
   6) Die Handlungsweise des Sohnes wurde den Eltern immer ...
   7) Wie Hans das so schnell geschafft hat, ist mir ...
   8) Das schwere Erdbeben ist für viele eine ... Katastrophe.

4. Ersetzen Sie die Adjektive in den folgenden Sätzen, soweit möglich, durch passende Synonyme!

   1) Die Erklärungen des Arztes waren *plausibel*.
   2) Ich finde die Sorge der Eltern um ihre Kinder *begreiflich*.
   3) Der Student ist der Zustimmung seiner Freunde *gewiß*.
   4) Wir sind *überzeugt*, daß unser Sohn uns nicht enttäuschen wird.
   5) Wie wir diese Gefahr unterschätzen konnten, ist mir *schleierhaft*.
   6) Evas Prüfungsversagen ist den Freundinnen *unerklärlich*.

5. Verkehren Sie den Inhalt folgender Sätze ins Gegenteil! Wählen Sie dazu antonyme Adjektive!

   1) Wie es zu dieser Havarie kam, ist mir rätselhaft.
   2) Mir ist Pauls Reaktion auf diesen Vorschlag unverständlich.
   3) Das Ziel seines Handelns ist mir klar.
   4) Dieser Vorschlag ist der Direktion bekannt.
   5) Die Argumente des Diskussionsredners sind einleuchtend.

6. Ersetzen Sie den Nebensatz durch eine substantivische Wortgruppe oder umgekehrt die Substantivgruppe durch einen Nebensatz!

   1) Daß dich diese Haltung befremdet, ist mir verständlich.
   2) Der gegenwärtige Aufenthaltsort meines Freundes ist mir nicht bekannt.
   3) Der Vater machte dem Sohn die Unzulässigkeit der Forderung begreiflich.
   4) Wie es zu diesem schweren Unfall kam, ist mir verständlich.
   5) Der Lehrer ist überzeugt, daß er richtig entschieden hat.
   6) Die Beweggründe für die Handlungsweise des Angeklagten sind den Geschworenen klar.

Voraussetzungen des Menschen zum Handeln

Dieses Wortfeld vereint Adjektive, die Merkmale menschlicher Subjekte bezeichnen, welche Voraussetzungen bewußten Tätigseins sind. Die semantische Gliederung des Feldes kann angelehnt werden an die Bedeutungen der objektiven Modalität, wie sie von den Modalverben *können* (‚Fähigkeit'), *wollen* (‚Wille', ‚Bereitschaft'), *dürfen* (‚Erlaubnis') und *sollen* (‚Auftrag') ausgedrückt werden. Dementsprechend werden im folgenden drei Mikrofelder unterschieden: Wissen und Können; Wille und Bereitschaft; Berechtigung und Auftrag.

Alle Adjektive dieses Wortfeldes sind zweiwertig. Merkmalsträger ist ein Mensch, der über die genannte Eigenschaft verfügt. Vom zweiten Aktanten (der „Bezugsgröße") wird überwiegend eine Handlung ausgedrückt. Die Rektion der Adjektive ist dabei unterschiedlich.

Übersicht über das Wortfeld

Wissen und Können

1. ‚Können allgemein': befähigt, fähig, geeignet, imstande, (einer Sache) mächtig, reif, tauglich
2. ‚spezielles Wissen und Können': beschlagen, bewandert, eingefuchst, erfahren, firm, geschickt, geübt, gewandt, kundig, sattelfest, versiert
3. ‚besondere Eignung für etwas': berufen
4. ‚Gewöhntheit': gewöhnt / gewohnt
5. ‚Unfähigkeit und Unerfahrenheit': außerstande, unerfahren, unfähig, ungeeignet, ungewohnt, unkundig, untauglich

Wille und Bereitschaft

1. ‚Neigung': (nicht) abgeneigt, aufgelegt, geneigt, interessiert
2. ‚Bereitschaft': (aufnahme-)bereit, gewillt, willens, willig
3. ‚Streben': bedacht, beflissen, bemüht, bestrebt, entschlossen, gesonnen
4. ‚Streben nach Information': gespannt, neugierig
5. ‚starkes Verlangen': begierig, durstig, erbötig, erpicht, gierig, hungrig, lüstern, scharf, verrückt, versessen, wild
6. ‚Unentschlossenheit': unschlüssig

Auftrag und Berechtigung

1. ‚Auftrag': bevollmächtigt, ermächtigt
2. ‚Vorbestimmtheit': auserkoren, ausersehen, auserwählt
3. ‚Berechtigung': befugt, berechtigt

Beschreibung der Adjektive (geordnet nach Mikrofeldern)

Wissen und Können

außerstande (nicht komparierbar, nur prädikativ)

Der Prüfling (a) war außerstande, die Frage zu beantworten (b).

1. ‚unfähig', ‚zur Ausführung einer bestimmten Handlung' /Ggs. *imstande*/
2. a – Merkmalsträger/Mensch, höherentwickeltes Tier/Sn
   b – Bezugsgröße/Handlung/Inf, pS (zu)

3. prädikativ:
Der Lehrling war außerstande, den Auftrag auszuführen. Das gestürzte Pferd war außerstande, sich wieder zu erheben. – Er war/sah sich/fühlte sich zum Tragen schwerer Lasten außerstande. Der Direktor war/erklärte sich außerstande, den Bewerber einzustellen.

befähigt (nicht komparierbar)

Der Absolvent (a) ist zur Bedienung von Computern (b) befähigt.
1. ‚fähig‘, ‚zur Ausführung bestimmter Handlungen‘, ‚durch Ausbildung‘
2. a – Merkmalsträger/Mensch/Sn
 b – Bezugsgröße/Handlung/Inf, pS (zu)
3. prädikativ:
Der Student/der Oberschüler/der Facharbeiter ist zu selbständigem Handeln befähigt. – Die Erzieherin ist zur Betreuung und Pflege von Kleinkindern hinreichend befähigt. Er ist befähigt, in Bewährungssituationen selbständig zu entscheiden.
attributiv:
der zur Bedienung des Montagekrans befähigte Arbeiter, ein befähigter (= ‚leistungsfähiger‘) Student

berufen (nicht komparierbar)

Dieser Junge (a) ist zu großen Taten (b) berufen.
1. ‚fähig‘, ‚zu besonderen Leistungen‘, ‚aufgrund herausragender spezifischer Veranlagung‘
2. a – Merkmalsträger/Mensch/Sn
 b – Bezugsgröße/Handlung, Beruf/pS (zu), Inf
3. prädikativ:
Der Lehrling/Tüftler/Forscher ist (dazu) berufen, dieses Problem zu lösen. – Das junge Mädchen ist/fühlt sich berufen, Schauspielerin/Sängerin/Tänzerin zu werden. Dieser Student ist zum Pädagogen/Hochschullehrer berufen.
attributiv:
ein zum Seelsorger berufener Theologiestudent, ein berufener Kritiker

beschlagen (nicht komparierbar)

Dieser Schüler (a) ist in Physik (b) (ziemlich) beschlagen.
1. ‚Wissen‘, ‚auf einem bestimmten Gebiet‘, ‚überdurchschnittlich‘
2. a – Merkmalsträger/Mensch/Sn
 b – Bezugsgröße/Fach- oder Wissensgebiet/pS (in, auf dem Gebiet + Sg)
3. prädikativ:
Der Techniker/der Ingenieur/die Bewerberin ist auf dem Gebiet der Rechen-

technik (gut) beschlagen. – Der Facharzt ist besonders auf dem Gebiet/in der Unfallchirurgie beschlagen.
attributiv:
der in Physik/Chemie/Astronomie beschlagene Schüler

bewandert (nicht komparierbar)

Die Lehrerin (a) ist in der Zoologie (b) (gut) bewandert.
1. ‚Wissen', ‚auf einem bestimmten Gebiet', ‚überdurchschnittlich'
2. a – Merkmalsträger/Mensch/Sn
   b – Bezugsgröße/Fach- oder Wissensgebiet/pS (in, auf dem Gebiet + Sg)
3. prädikativ:
Die Frau/der Sammler/der Schmied ist auf dem Gebiet des Kunsthandwerks bewandert. – Bist du in der Antike/im englischen Staatsrecht/im Buddhismus (einigermaßen) bewandert?
attributiv:
der in Anästhesie/auf dem Gebiet der Kardiologie bewanderte Arzt.

eingefuchst (nicht komparierbar)

Der Arbeiter (a) ist auf Montagemöbel (b) eingefuchst.
1. ‚Fertigkeit', ‚auf bestimmtem Gebiet', ‚speziell' /umg./
2. a – Merkmalsträger/Mensch/Sn
   (b) – Bezugsgröße/Arbeitsgegenstand, Handlung/pS (auf), Inf
3. prädikativ:
Der Meister/die Zuschneiderin/der Disponent ist eingefuchst. – Der Ingenieur ist auf Fließbänder/moderne Produktionstechnologie eingefuchst. Er ist (darauf) eingefuchst, die Arbeit in der Produktionshalle effektiv zu organisieren.
attributiv:
ein eingefuchster Arbeiter, der auf Dieselfahrzeuge eingefuchste Eisenbahner

erfahren (erfahrener, am erfahrensten)

Der Agronom (a) ist (besonders) erfahren im Hackfruchtanbau (b).
1. ‚fähig', ‚auf bestimmtem Gebiet', ‚dank Praxiserfahrung' /Ggs. *unerfahren*/
2. a – Merkmalsträger/Mensch/Sn
   (b) – Bezugsgröße/Handlung, Fachgebiet/pS (in, auf dem Gebiet + Sg)
3. prädikativ:
Der Fährtensucher/der Spürhund ist (sehr) erfahren. – Der Tierpfleger ist in der Betreuung von Reptilien erfahren. Der Internist ist auf dem Gebiet der Unterleibserkrankungen (besonders) erfahren.
attributiv:
eine erfahrene Hausfrau, ein erfahrenes Rennpferd; ein in der Leitung von Arbeitsgruppen erfahrener Ingenieur

Anmerkung:
Mit der Angabe des Merkmalsträgers wird – vor allem durch Nomina agentis – oft ein bestimmter Tätigkeitsbereich indirekt mit erfaßt. Damit wird die Angabe der Bezugsgröße entbehrlich. Sie fehlt bevorzugt bei attributivem Gebrauch des Adjektivs.

fähig (fähiger, am fähigsten)
Der Facharbeiter (a) ist fähig, die Montage dieser Anlage durchzuführen (b).
1. ‚fähig', ‚zu bestimmten Handlungen', ‚positiv oder negativ bewertet' /Ggs. *unfähig*/
2. a – Merkmalsträger/Mensch, höherentwickeltes Tier/Sn
   (b) – Bezugsgröße/Handlung/Inf, pS (zu); Sg /geh./
3. prädikativ:
Der Mann/der Hund/der Elefant ist fähig, sich an seinen Peinigern zu rächen. Der (menschliche) Geist ist zu großen Höhenflügen fähig. – Der Lehrer ist fähig, eine Schule zu leiten. Er ist zur Leitung des Instituts fähig. Der Bestechliche ist des Verrats/zu einem Verrat fähig. Wozu/Wessen ist dieser Mensch fähig?
attributiv:
ein fähiger Mitarbeiter, der zu dieser Arbeit fähige Lehrling

Anmerkung:
Zuweilen wird anstelle der Infinitivgruppe eine zweite aktuelle Prädikation mit *und* angeschlossen: Martin ist fähig und plaudert unser Geheimnis aus. /umg./ Eine so angeschlossene Prädikation beschreibt stets eine negativ bewertete Handlung.

firm (nicht komparierbar)
Der Wassersportler (a) ist firm im Segeln aller Bootsklassen (b).
1. ‚fähig', ‚auf einem bestimmten Gebiet' /umg./
2. a – Merkmalsträger/Mensch/Sn
   (b) – Bezugsgröße/Handlung, Tätigkeitsbereich/pS (in, auf dem Gebiet + Sg)
3. prädikativ:
Die Verkäuferin ist firm. – Der Angestellte ist firm in der Bedienung des Personalcomputers. Der Ingenieur ist firm auf dem Gebiet des Schienenfahrzeugbaus.
attributiv:
ein firmer Alpinist; ein Sekretär, firm im Erarbeiten von Beschlußvorlagen

Die Anmerkung zu *erfahren* gilt analog zu *firm*.

geeignet (geeigneter, am geeignetsten)
Der Bewerber (a) ist für das Führen von Triebfahrzeugen (b) geeignet.

1. ‚fähig', ‚zur Ausübung bestimmter Tätigkeiten', ‚auf physische und psychische Voraussetzungen bezogen' /Ggs. *ungeeignet*/
2. a – Merkmalsträger/Mensch, Haustier/Sn
   b – Bezugsgröße/Handlung, Beruf/pS (für, zu), Inf
3. prädikativ:
Der Schüler/die Absolventin/der Schäferhund ist geeignet für diese Tätigkeit. – Er ist für den Arztberuf/zur Führung eines Kraftfahrzeugs (gut) geeignet. Er ist geeignet, diese Arbeiten auszuführen.
attributiv:
der geeignete, geeignetste Mann (dafür), ein für den Auslandseinsatz geeigneter Monteur

geschickt (geschickter, am geschicktesten)

Der Junge (a) ist geschickt im Holzschnitzen (b).

1. ‚fähig', ‚zur Ausübung bestimmter Tätigkeiten', ‚aufgrund besonderer Veranlagung' /Ggs. *ungeschickt*/
2. a – Merkmalsträger/Mensch, Primaten/Sn
   (b) – Bezugsgröße/Handlung/pS (in, bei, in bezug auf)
3. prädikativ:
Der Vater ist geschickt (in Reparaturarbeiten). Der Schimpanse ist (recht) geschickt. – Die Frau ist geschickt im/beim/in bezug auf Teppichknüpfen.
attributiv:
ein geschickter Gesprächsleiter, ein im Tanzen geschickter Partner/Kavalier

geübt (geübter, am geübtesten)

Der Student (a) ist geübt im Übersetzen wissenschaftlicher Texte (b).

1. ‚fähig', ‚zur Ausübung bestimmter Tätigkeiten', ‚durch Übung' /Ggs. *ungeübt*/
2. a – Merkmalsträger/Mensch/Sn
   (b) – Bezugsgröße/Handlung/pS (in + Sd), Inf
3. prädikativ:
Der Schüler ist geübt (im Kopfrechnen). – Er ist geübt im Erkennen von Fehlern. Er ist (darin) geübt, in Überraschungssituationen geistesgegenwärtig zu reagieren.
attributiv:
ein geübter Redner, ein im Argumentieren geübter Mann

gewandt (gewandter, am gewandtesten)

Das Eichhörnchen (a) ist gewandt im Klettern (b).

1. ‚fähig', ‚zur Ausübung bestimmter Tätigkeiten', ‚flink und sicher'
2. a – Merkmalsträger/Mensch, höherentwickeltes Tier/Sn
   (b) – Bezugsgröße/Handlung/pS (in + Sd)

3. prädikativ:
Der Junge/die Katze/der Marder ist (äußerst) gewandt. – Er/sie ist gewandt im Tanzen/Schwimmen/sprachlichen Formulieren/in allen Dingen.
attributiv:
ein gewandter Bergsteiger/Tänzer/Fechter; die im Übersetzen gewandte Reiseführerin

gewöhnt   (nicht komparierbar)

Der Ausbilder (a) ist gewöhnt, mit Lehrlingen umzugehen (b).

1. ‚fähig', ‚zur Ausübung bestimmter Tätigkeiten und zum Ertragen hoher Belastungen', ‚durch häufige Wiederholung erworben' /Ggs. *ungewohnt*/
2. a – Merkmalsträger/Mensch, Haustier/Sn
   b – Bezugsgröße/Handlung, Eigenschaft/Sa, Inf
3. prädikativ:
Die Mutter ist zeitiges Aufstehen gewöhnt. Die Katze ist tägliche Pflege/Sauberkeit gewöhnt. – Er ist hohe physische Belastung gewöhnt. Der Dompteur/Pfleger ist gewöhnt, mit Raubtieren umzugehen.
attributiv:
der frühes Aufstehen gewöhnte Schüler, der regelmäßige Fütterung gewöhnte Hofhund

imstande   (nicht komparierbar, nur prädikativ)

Der Fremde (a) war (nach kurzer Zeit) imstande, sich in der neuen Umgebung zurechtzufinden (b).

1. ‚fähig', ‚zu bestimmten Handlungen', ‚positiv oder negativ bewertet' /Ggs. *außerstande*/
2. a – Merkmalsträger/Mensch/Sn
   b – Bezugsgröße/Handlung/Inf, pS (zu)
3. prädikativ:
Der Verletzte war nicht imstande (= außerstande), ohne fremde Hilfe aufzustehen. – Der Kandidat ist (dazu) imstande, ihm übertragene Aufgaben zu lösen. Ein trainierter Sportler muß zu Ausdauerleistungen imstande sein.

Anmerkung:
Wie bei *fähig* kann eine zweite Prädikation mit *und* angeknüpft werden: Du bist imstande und beschwerst dich beim Direktor. So werden nur negativ bewertete Handlungen ausgedrückt.

kundig   (Komparation selten: kundiger, am kundigsten)

Der Gelehrte (a) ist mehrerer afrikanischer Sprachen (b) kundig.

1. ‚Wissen', ‚auf einem bestimmten Gebiet', ‚speziell' /geh./ /Ggs. *unkundig*/
2. a – Merkmalsträger/Mensch/Sn
   b – Bezugsgröße/Wissensgebiet/Sg

3. prädikativ:
Der Führer ist des Weges kundig. – Der Lotse ist der Hafeneinfahrt kundig.
Der Ausländer ist des Deutschen kundig.
attributiv:
der des Weges kundige Führer; metonymisch ohne Genitiv: von kundiger Seite, unter kundiger Leitung, mit kundigem Auge

mächtig (nicht komparierbar)

Der Dolmetscher (a) ist des Arabischen (b) mächtig.
1. ‚Wissen', ‚auf einem bestimmten Gebiet', ‚speziell' /geh./
2. a – Merkmalsträger / Mensch / Sn
   b – Bezugsgröße / Abstr / Sg
3. prädikativ:
Ein Geistlicher muß der Worte mächtig sein. Der Oberkellner ist des Polnischen und des Spanischen mächtig. Der Verunglückte war seiner Sinne nicht mehr mächtig.
attributiv:
der des Spanischen / Japanischen mächtige Reisebegleiter

reif (nicht komparierbar)

Der Sechsjährige (a) ist reif für die Einschulung (b).
1. ‚fähig', ‚zu bestimmten Tätigkeiten', ‚hinreichende Voraussetzungen'
2. a – Merkmalsträger / Mensch / Sn
   b – Bezugsgröße / Abstr / pS (für, zu)
3. prädikativ:
Der Mitarbeiter ist reif für diesen Posten / zur Beförderung / zur Auszeichnung. Die Sekretärin ist reif zur Leitung des Schreibbüros / für den Urlaub.
attributiv:
der zum Studium reife Bewerber

sattelfest (nicht komparierbar)

Der Schüler (a) ist in der Interpunktion (b) (noch nicht) sattelfest.
1. ‚fähig', ‚zu einer bestimmten Tätigkeit', ‚sicher' /metaphorisch/
2. a – Merkmalsträger / Mensch / Sn
   (b) – Bezugsgröße / Abstr / pS (in, auf)
3. prädikativ:
Der langjährige Mitarbeiter ist sattelfest (auf seinem Arbeitsgebiet). Der Prüfling ist (fühlt sich) sattelfest. – Die neue Mitarbeiterin ist jetzt in der Bedienung des Steuerpults / des Montagekrans sattelfest.
attributiv:
ein sattelfester Prüfling / Mitarbeiter, eine sattelfeste Stenotypistin

tauglich (nicht komparierbar)

Der Jugendliche (a) ist zum Leistungssport (b) (gesundheitlich) tauglich.

1. ‚fähig', ‚zu bestimmten Tätigkeiten', ‚hinreichende Voraussetzung' /Ggs. *untauglich*/
2. a – Merkmalsträger/Mensch/Sn
   (b) – Bezugsgröße/Handlung/pS (zu, für)
3. prädikativ:
   Der Kandidat/Wehrdienstpflichtige/die Bewerberin ist (bedingt) tauglich. – Er ist zur Bedienung des Montagekrans/zur/für die Astronautenausbildung/ für den Hochbau tauglich.
   attributiv:
   der zum Wehrdienst taugliche Jugendliche

unerfahren (nicht komparierbar)

Der junge Kaufmann (a) ist im Umgang mit Geschäftspartnern (b) unerfahren.

1. ‚zu einer Tätigkeit', ‚mangels Erfahrung', ‚nicht ausreichend', ‚fähig' /Ggs. *erfahren*/
2. a – Merkmalsträger/Mensch/Sn
   (b) – Bezugsgröße/Handlung/pS (in + Sd)
3. prädikativ:
   Das Mädchen/der junge Offizier ist (noch) unerfahren. – Der Anfänger ist unerfahren im Großstadtverkehr/im Programmieren/im Umgang mit Zootieren.
   attributiv:
   der unerfahrene Mitarbeiter/Autofahrer/Fotograf

unfähig (nicht komparierbar)

Der Patient (a) ist (nach der Operation) unfähig aufzustehen (b).

1. ‚nicht fähig', ‚zu bestimmten Handlungen' /Ggs. *fähig*/
2. a – Merkmalsträger/Mensch/Sn
   (b) – Bezugsgröße/Handlung/Inf, pS (zu); Sg /geh./
3. prädikativ:
   Der Mitarbeiter ist (leider) unfähig. – Der Angestellte ist unfähig, selbständig Entscheidungen zu fällen. Er ist zu geistigen Höhenflügen unfähig. – Diese einfache Frau ist der Lüge/der Unwahrheit/einer solchen Gemeinheit unfähig.
   attributiv:
   ein unfähiger Arzt; ein zur Leitung des Unternehmens unfähiger Ingenieur

ungeeignet (nicht komparierbar)

Der Junge (a) ist für diese Aufgabe (b) ungeeignet.

1. ‚nicht fähig', ‚zu bestimmten Handlungen' /Ggs. *geeignet*/

2. a – Merkmalsträger/Mensch/Sn
   (b) – Bezugsgröße/Handlung/pS (für, zu), Inf
3. prädikativ:
Der Bewerber ist ungeeignet. – Er ist für diese Aufgabe/zur Erziehung von Kindern ungeeignet. Die junge Lehrerin ist ungeeignet, Schüler der oberen Klassen/des Gymnasiums zu unterrichten.
attributiv:
ein (für diese Aufgabe) ungeeigneter Bewerber/Kandidat

ungewohnt (nicht komparierbar)

Die schwere körperliche Arbeit (a) war dem Mädchen (b) ungewohnt.
1. ‚mit bestimmten Handlungen oder Handlungsumständen', ‚nicht vertraut' /Ggs. *gewöhnt*/
2. a – Bezugsgröße/Abstr/Sn
   b – Merkmalsträger/Mensch/Sd, pS (für)
3. prädikativ:
Die Büroarbeit/sitzende Beschäftigung/das subtropische Klima ist mir/für mich ungewohnt. – Diese Lebensweise ist/solche Anstrengungen sind dem Europäer/für den Europäer/für den verwöhnten Kaufmannssohn ungewohnt.
attributiv:
die ungewohnte Arbeit/Anstrengung/Hitze; ein dem Europäer/für Europäer ungewohnter Anblick

unkundig (nicht komparierbar)

Der Offizier (a) ist dieser Gegend (b) unkundig.
1. ‚Wissen', ‚auf bestimmtem Gebiet', ‚nicht vorhanden' /geh./ /Ggs. *kundig*/
2. a – Merkmalsträger/Mensch/Sn
   b – Bezugsgröße/Abstr/Sg
3. prädikativ:
Mein Enkel ist des Schreibens noch unkundig. – Ich bin des Ungarischen/der Stenographie/des Weges unkundig.
attributiv:
ein des Weges/des Spanischen unkundiger Tourist

untauglich (nicht komparierbar)

Der Offiziersanwärter (a) ist zum Flugdienst (b) untauglich.
1. ‚zur Ausführung bestimmter Tätigkeiten', ‚nicht fähig' /Ggs. *tauglich*/
2. a – Merkmalsträger/Mensch/Sn
   (b) – Bezugsgröße/Handlung, Beruf/pS (für), Inf
3. prädikativ:
Der Jugendliche ist für den Offiziersberuf (gesundheitlich) untauglich. Der Angestellte ist untauglich, neue Kunden zu werben/für die Werbung neuer Kunden.

attributiv:
der untaugliche Bewerber, der für diese Aufgabe untaugliche Mann; ein Versuch mit untauglichen Mitteln /phras./

versiert (nicht komparierbar)

Der Kaufmann (a) ist versiert im Binnen- und Außenhandel (b).

1. ‚fähig', ‚zu bestimmten Tätigkeiten', ‚überdurchschnittlich' /Ggs. *unerfahren*/
2. a – Merkmalsträger/Mensch/Sn
   (b) – Bezugsgröße/Handlung, Fachgebiet/pS (in + Sd)
3. prädikativ:
   Die Fachverkäuferin/der Hufschmied/der Chirurg ist versiert. – Er/sie ist versiert in der Geodäsie/im Export.
   attributiv:
   ein versierter Fachmann/Arzt/Redner/Reiter

Wille und Bereitschaft

abgeneigt (nicht komparierbar, nur prädikativ)

Die Freundin (a) ist Pauls Urlaubsplänen (b) (nicht) abgeneigt.

1. ‚Bereitschaft', ‚zu bestimmten Tätigkeiten', ‚(nicht) vorhanden' /Ggs. *geneigt*/
2. a – Merkmalsträger/Mensch (Kollektiv, Institution)/Sn
   b – Bezugsgröße/Handlung/Sd, Inf
3. prädikativ:
   Der Neffe/die Familie/die Verwandtschaft ist (nicht) abgeneigt, der Einladung zu folgen. Die Bank ist einer Beteiligung an dem Projekt (nicht) abgeneigt. Einem solchen Angebot kann kaum jemand abgeneigt sein.

Anmerkung:
Das Adjektiv wird überwiegend in Verbindung mit Negationsausdrücken gebraucht, in Verbindung mit dem Dativ der Person auch als Synonym zu *hold*: Das Mädchen ist dem Manne nicht abgeneigt.

aufgelegt (nicht komparierbar)

Der Vater (a) ist heute zum Plaudern (b) aufgelegt.

1. ‚Neigung', ‚zu bestimmtem Tun oder Verhalten', ‚zeitlich begrenzt'
2. a – Merkmalsträger/Mensch/Sn
   b – Bezugsgröße/Handlung (emotional positiv)/pS (zu), Inf
3. prädikativ:
   Der Lehrer war zum Lachen aufgelegt. Der Gast war zum Witzeerzählen aufgelegt. Ich bin heute dazu aufgelegt, mit Freunden ein Lokal aufzusuchen.

attributiv:
der zum Scherzen/Plaudern/Lachen/Spotten aufgelegte Freund

aufnahmebereit (nicht komparierbar)

Die Sekretärin (a) ist für das Diktat (b) aufnahmebereit.
1. ‚Bereitschaft', ‚zu sprachlich-rezeptiver Tätigkeit'
2. a – Merkmalsträger/Mensch, elektronisches Gerät/Sn
   (b) – Bezugsgröße/sprachlich-rezeptive Tätigkeit/pS (für)
3. prädikativ:
Die Stenotypistin/das Tonbandgerät/das Diktaphon ist aufnahmebereit. – Er ist für ein Gespräch/für deine Vorschläge/für begründete Entgegnungen aufnahmebereit.
attributiv:
der aufnahmebereite Direktor, das aufnahmebereite Gerät

aus (nicht komparierbar, nur prädikativ)

Der Finder (a) ist auf eine Belohnung (b) aus.
1. ‚Verlangen', ‚nach etwas', ‚intensiv' /umg./
2. a – Merkmalsträger/Mensch/Sn
   b – Bezugsgröße/Handlung, Ding/pS (auf), Inf
3. prädikativ:
Der Bursche/das Mädchen ist auf ein Abenteuer aus. – Der Verehrer war nur auf eine Liebelei/auf sein Vergnügen aus. Bist du darauf aus, diese kostbare Münze zu erwerben?

bedacht (nicht komparierbar)

Der Angestellte (a) war sehr auf seinen Vorteil (b) bedacht.
1. ‚Streben nach einem Ziel', ‚individuell oder gesellschaftlich motiviert'
2. a – Merkmalsträger/Mensch/Sn
   b – Bezugsgröße/Abstr/pS (auf), Inf
3. prädikativ:
Die Mutter/der Lehrer/der Arzt sind auf unser Wohl bedacht. Der Politiker muß stets auf seinen (guten) Ruf bedacht sein. Er war darauf bedacht, seine Auftraggeber zufriedenzustellen.
attributiv:
der auf gute Leistungen bedachte Schüler

beflissen (nicht komparierbar)

Der Kaufmann (a) war beflissen, seine Kunden zufriedenzustellen (b).
1. ‚Bereitschaft', ‚allen Erwartungen zu entsprechen' /veraltend/

2. a – Merkmalsträger/Mensch/Sn
   (b) – Bezugsgröße/Handlung, Eigenschaft/Inf; Sg /geh./
3. prädikativ:
Die Verkäuferin/der Schüler/die Schwester war (sehr) beflissen. – Der Pfleger ist beflissen, alle Weisungen des Arztes zu befolgen. Der Mönch ist des Gehorsams beflissen.
attributiv:
der des Gehorsams beflissene Mönch; mit beflissener Höflichkeit

bemüht (nicht komparierbar)

Die Eltern (a) sind bemüht, den Kindern ihr Bestes zu geben (b).
1. ,Streben nach einem Ziel', ,intensiv'
2. a – Merkmalsträger/Mensch (Kollektiv, Institution)/Sn
   b – Bezugsgröße/Handlung/pS (um), Inf
3. prädikativ:
Der Handwerker/das Geschäft ist um die volle Befriedigung aller Kundenwünsche bemüht. Der Beschäftigte/die Mannschaft war bemüht, alle Aufgaben zuverlässig zu erfüllen.
attributiv:
der um Anerkennung/Erfolg/Lob bemühte Schüler

bereit (nicht komparierbar)

Die Tochter (a) ist bereit, der Mutter im Haushalt zu helfen (b).
1. ,Bereitschaft', ,zur Erfüllung der Erwartungen anderer' /Ggs. *unschlüssig*/
2. a – Merkmalsträger/Mensch (Kollektiv)/Sn
   (b) – Bezugsgröße/Handlung/Inf, pS (zu)
3. prädikativ:
Der Soldat/die Armee ist zum Schutz der Grenze bereit. Ich bin gern bereit, euch durch das Museum zu führen. Er ist/fand sich/erklärte sich zur Hilfe bereit.
attributiv:
der zur Hilfe/Auskunft bereite Passant (sehr selten)

begierig (nicht komparierbar)

Die Familie (a) ist begierig, den Freund der Tochter kennenzulernen (b).
1. ,Verlangen', ,nach etwas', ,intensiv'
2. a – Merkmalsträger/Mensch, höherentwickeltes Tier/Sn
   b – Bezugsgröße/Ding (Konkr), ideeller Wert (Abstr)/pS (auf, nach)
3. prädikativ:
Der Spieler/Unternehmer ist begierig auf einen hohen Gewinn. Der Hofhund ist begierig nach einer Wurst. Der Feinschmecker ist auf geräucherten Aal begierig/begierig, alte Freunde wiederzusehen.

attributiv:
der auf Löwen/Krokodile begierige Großwildjäger

besessen (nicht komparierbar)

Der Mann (a) ist besessen von seiner Arbeit (b).
1. ‚starkes Verlangen', ‚beherrscht von etwas', ‚von Leidenschaft erfüllt'
2. a – Merkmalsträger/Mensch/Sn
   b – Ursache/abstrakte Erscheinung, Verhalten, Eigenschaft/pS (von), NS (daß), Inf
3. prädikativ:
Der Mann/der Künstler/die Mannschaft ist besessen von Ehrgeiz/Stolz. – Er ist besessen davon, den Gipfel zu erreichen.
attributiv:
der von Ehrgeiz/Stolz besessene Künstler
Anm.: Zuweilen werden beide Leerstellen durch das übergeordnete Substantiv besetzt:
Er ist ein besessener Spieler. = Er ist vom Spiel besessen.
Er ist ein besessener Pilot. = Er ist vom Fliegen besessen.

bestrebt (nicht komparierbar)

Der Arbeiter (a) ist bestrebt, fehlerfrei zu produzieren (b).
1. ‚Streben nach einem Ziel', ‚intensiv'
2. a – Merkmalsträger/Mensch (Institution)/Sn
   b – Bezugsgröße/Handlung/Inf
3. prädikativ:
Der Sohn ist bestrebt, den Eltern Freude zu machen. Unser Unternehmen ist stets bestrebt, den Erwartungen unserer Kundschaft zu entsprechen. Die Gewerkschaft ist bestrebt, die Interessen der Mitglieder wahrzunehmen.
attributiv:
nicht üblich

durstig (nicht komparierbar)

Das Kind (a) ist durstig nach einem Lob (b).
1. ‚Verlangen', ‚nach etwas', ‚sehr stark' /metaphorisch/
2. a – Merkmalsträger/Mensch/Sn
   b – Bezugsgröße/ideelle Werte (Abstrakta)/pS (nach)
3. prädikativ:
Das Mädchen ist durstig nach Liebe. Der Schauspieler ist durstig nach Beifall. Der General ist durstig nach Ruhm.
attributiv:
der nach Liebe/Ehre/Ruhm durstige Jüngling

entschlossen (nicht komparierbar)

Der Indianer (a) ist zum Kampf (b) entschlossen.

1. ‚Wille', ‚zu bestimmter Tätigkeit', ‚fest' /Ggs. *unschlüssig*/
2. a – Merkmalsträger/Mensch/Sn
   b – Bezugsgröße/Handlung/pS (zu), Inf
3. prädikativ:
Der Junge ist entschlossen, seinen Willen durchzusetzen. – Er ist zum Kauf des Autos/zur Mitarbeit/zum Vertragsabschluß entschlossen. Er ist fest entschlossen, den Plan zu verwirklichen/die Wahrheit zu ergründen.
attributiv:
ein (zum Handeln) entschlossener Mensch

erpicht (nicht komparierbar)

Der Journalist (a) ist ganz erpicht, den Politiker zu interviewen (b).

1. ‚Verlangen', ‚nach etwas', ‚intensiv' /umg./
2. a – Merkmalsträger/Mensch/Sn
   b – Bezugsgröße/Handlung/pS (auf), Inf
3. prädikativ:
Der junge Mann war auf ein Wiedersehen erpicht. Bist du (darauf) erpicht, an einer Gipfelbesteigung teilzunehmen?
attributiv:
der auf Anerkennung/Erfolg/Beifall erpichte Künstler

geneigt (nicht komparierbar)

Der Ehegatte (a) ist zur Versöhnung (b) geneigt.

1. ‚Bereitschaft', ‚zu bestimmten Handlungen' /Ggs. *abgeneigt*/
2. a – Merkmalsträger/Mensch/Sn
   b – Bezugsgröße/Handlung/pS (zu), Inf
3. prädikativ:
Der Mann/die Frau/der Direktor ist zum Verhandeln/Nachgeben geneigt. Ich bin geneigt, auf seine Vorschläge einzugehen. Der Kunde ist nicht geneigt, sich länger vertrösten zu lassen.
attributiv:
die zur Versöhnung/zum Nachgeben geneigte Freundin

gesonnen (nicht komparierbar, nur prädikativ)

Der Schriftsteller (a) ist gesonnen, die Einladung anzunehmen (b).

1. ‚Wille', ‚zu bestimmtem Handeln', ‚noch nicht endgültig'
2. a – Merkmalsträger/Mensch/Sn
   b – Bezugsgröße/Handlung/Inf

3. prädikativ:
Der Abiturient ist gesonnen, Pädagogik zu studieren. Der Werktätige ist nicht gesonnen, den Vorwurf hinzunehmen.

gespannt (nicht komparierbar)

Die Zuschauer (a) sind auf das Wettkampfergebnis (b) gespannt.
1. ‚Streben', ‚nach neuer Information', ‚intensiv'
2. a – Merkmalsträger/Mensch/Sn
   b – Bezugsgröße/Geschehen (Abstr), Ding (Konkr)/pS (auf), NS (ob, w)
3. prädikativ:
Das Kind/der Bürger/die Frau ist gespannt auf das Fest, auf die Überraschung/auf das Geschenk. Ich bin (sehr) gespannt, wie andere Leser über dieses heikle Thema denken. Ich bin gespannt, ob Eva den Zug noch erreicht hat.
attributiv:
der auf das Ergebnis/das Zeugnis/das Paket gespannte Sohn

gewillt (nicht komparierbar, nur prädikativ)

Der Angeklagte (a) ist (aufrichtig) gewillt, sein Leben zu ändern (b).
1. ‚Wille', ‚zu einem bestimmten Handeln'
2. a – Merkmalsträger/Mensch/Sn
   b – Bezugsgröße/Handlung/Inf
3. prädikativ:
Der Freund ist gewillt, uns bei der Aktion zu unterstützen. Diese Eigenmächtigkeit zu dulden, ist der Vater/Vormund/Lehrer/Meister (sicher) nicht gewillt.

gierig (gieriger, am gierigsten)

Der Reporter (a) ist gierig nach Sensationen (b).
1. ‚Verlangen', ‚nach etwas', ‚intensiv', ‚ungezügelt'
2. a – Merkmalsträger/Mensch, höherentwickeltes Tier/Sn
   b – Bezugsgröße/Ding, Handlung/pS (nach, auf), Inf
3. prädikativ:
Der Spieler ist gierig nach Geld/Gewinn. Die Katze ist gierig auf Fleisch/nach Futter. Der Nachbarssohn ist ganz gierig, mit deiner Schwester auszugehen.
attributiv:
der gierige Wolf/Fuchs; der nach Geld gierige Erbe

hungrig (nicht komparierbar)

Der Gefangene (a) ist hungrig nach Freiheit (b).

1. ‚Verlangen', ‚nach etwas', ‚intensiv' /metaphorisch/
2. a – Merkmalsträger/Mensch/Sn
   b – Bezugsgröße/ideelle Werte (Abstr), Ding (Konkr)/pS (nach)
3. prädikativ:
Der Gelehrte ist hungrig nach neuer Erkenntnis/nach Wissen/nach Ruhm. Der Mann ist hungrig nach einem guten Buch/nach Freundschaft/Glück.
attributiv:
der nach Liebe/Erlebnissen hungrige junge Bursche

interessiert (nicht komparierbar)

Das Unternehmen (a) ist interessiert an guten Facharbeitern (b).

1. ‚Streben', ‚nach einem Ziel', ‚zugunsten des Subjekts' /Ggs. *uninteressiert*/
2. a – Merkmalsträger/Mensch (Institution)/Sn
   b – Bezugsgröße/Lebewesen, Dinge, ideelle Werte/pS (an), Inf, NS (daß)
3. prädikativ:
Der Arzt/Architekt/die Stadt ist interessiert an dem Grundstück. Ich bin an einem neuen Auto/einem Kleingarten interessiert. Wir sind daran interessiert, leistungsfähigen Nachwuchs heranzubilden/daß unsere Erzeugnisse schnell abgesetzt werden
attributiv:
der interessierte Kunde, die an neuen Absatzmärkten interessierte Firma

lüstern (nicht komparierbar)

Das Mädchen (a) ist lüstern auf Ananas (b).

1. ‚Verlangen', ‚nach sinnlichen Genüssen', ‚(bei sexueller Begierde) abwertend'
2. a – Merkmalsträger/Mensch/Sn
   b – Bezugsgröße/Ding (Konkr)/pS (auf, nach)
3. prädikativ:
Der junge Mann ist lüstern auf/nach Erdbeereis/Heidelbeeren/Torte/Spargel/Geld/Liebesabenteuer(n).
attributiv:
der lüsterne Bursche; lüsterne Gedanken/Vorstellungen/Blicke (= Ausdruck sexueller Begierde)

neugierig (neugieriger, am neugierigsten)

Der Leser (a) ist neugierig, wie der Kriminalroman ausgeht (b).

1. ‚Streben', ‚nach neuer Information', ‚vor allem Angelegenheiten anderer Betreffendes'
2. a – Merkmalsträger/Mensch/Sn
   b – Bezugsgröße/Geschehen, Ding, Lebewesen/pS (auf), NS (ob, w)
3. prädikativ:
Der Tourist/Besucher ist auf die Sehenswürdigkeiten neugierig. Die Gäste sind

neugierig auf den Künstler und seine Werke (Gemälde). Das Kind ist neugierig, was es geschenkt bekommt / ob die Tante ihm etwas mitgebracht hat.
attributiv:
das auf die Geschenke / die Überraschung neugierige Kind

scharf (nicht komparierbar)

Die junge Frau (a) ist scharf auf die Bernsteinkette (b).
1. ‚Verlangen', ‚nach etwas oder jemandem', ‚intensiv' /umg./
2. a – Merkmalsträger / Mensch, höherentwickeltes Tier / Sn
   b – Bezugsgröße / Ding, Lebewesen, Zustand / pS (auf), Inf
3. prädikativ:
Der Mann ist scharf auf die schöne Frau / auf Kaviar / auf alte Stilmöbel / auf das Ballett. Das Pferd ist scharf auf Würfelzucker. Bist du scharf (darauf), mit Inge zu tanzen?
attributiv:
der auf Wildwestfilme / Münzen / das Mädchen scharfe Mann

unschlüssig (nicht komparierbar)

Der Ingenieur (a) war (sich) unschlüssig, ob er die angebotene Stelle annehmen sollte (b).
1. ‚Schwanken', ‚in einer Entscheidungssituation' /Ggs. *entschlossen*/
2. a – Merkmalsträger / Mensch / Sn
   (b) – Bezugsgröße / Handlung (Abstr) / NS (ob, w)
3. prädikativ:
Der Kunde war unschlüssig. Der Vater war unschlüssig, ob er der Entscheidung des Sohnes zustimmen sollte. Der Freund ist (sich) unschlüssig, was er machen soll.
attributiv:
der unschlüssige Kunde; in unschlüssiger Haltung

verrückt (nicht komparierbar)

Der junge Bursche (a) ist verrückt nach meiner Nichte (b).
1. ‚Verlangen', ‚nach etwas oder jemandem', ‚intensiv' /salopp/
2. a – Merkmalsträger / Mensch / Sn
   b – Bezugsgröße / Ding, Lebewesen, Geschehen / pS (nach, auf), Inf
3. prädikativ:
Der Mann ist verrückt nach der / auf die Frau, nach einem / auf einen Rassehund, nach / auf Hummer. Mein Sohn ist ganz verrückt danach, den Abenteuerfilm zu sehen.
attributiv:
der auf das Mädchen / auf Minibücher verrückte junge Mann

versessen (nicht komparierbar)

Das Kind (a) ist versessen auf Süßigkeiten (b).
1. ‚Verlangen', ‚nach etwas oder jemandem', ‚maßlos'
2. a – Merkmalsträger/Mensch, höherentwickeltes Tier/Sn
   b – Bezugsgröße/Ding, Lebewesen, Geschehen/pS (auf), Inf
3. prädikativ:
   Der ältere Mann ist auf junge Mädchen/Vergnügen/Champignons/Pastete versessen. Der Kater ist auf Mäuse versessen. Ich bin versessen darauf, dieses Museum zu besuchen.
   attributiv:
   der auf Trüffel/eine Orientreise versessene Mann

wild (nicht komparierbar, nur prädikativ)
1. ‚Verlangen', ‚nach etwas oder jemandem', ‚intensiv' /umg./
2. a – Merkmalsträger/Mensch/Sn
   b – Bezugsgröße/Ding, Lebewesen, Geschehen/pS (auf, nach), Inf
3. prädikativ:
   Der Sohn ist wild auf Oldtimer/nach Oldtimern/nach einer elektrischen Eisenbahn. Die Frau ist wild auf diesen Mann/auf ein Kind. Der Sammler ist wild nach seltenen Mineralen. Er ist wild darauf, dich wiederzusehen/auf ein Wiedersehen.

willens (nicht komparierbar, nur prädikativ)

Der Vorstand (a) ist willens, den Vorschlag wohlwollend zu prüfen (b).
1. ‚Wille', ‚zu einem bestimmten Handeln'
2. a – Merkmalsträger/Mensch/Sn
   b – Bezugsgröße/Handlung/Inf
3. prädikativ:
   Der Arzt ist willens, eine eigene Praxis zu eröffnen. Bist du willens, dich diesem Test zu unterziehen? Der junge Mann ist nicht willens, sich schon fest zu binden.

willig (nicht komparierbar)

Der junge Mann (a) war willig zur Auskunft (b).
1. ‚Bereitschaft', ‚zur Erfüllung der Erwartungen anderer'
2. a – Merkmalsträger/Mensch, Haustier/Sn
   (b) – Bezugsgröße/Handlung/Inf, pS (zu) (sehr selten realisiert)
3. prädikativ:
   Das Mädchen/das Pferd/der Hund ist willig. – Der Junge ist willig, den Lehren Erwachsener zu folgen.
   attributiv:
   der willige Zuhörer, das willige Tier

Auftrag und Berechtigung

auserkoren (nicht komparierbar)

Der Pilot (a) war (dazu) auserkoren, an der Raumfahrerausbildung teilzunehmen (b).
1. ‚ausgewählt', ‚zu einer besonderen Aufgabe' /geh., veraltend/
2. a – Merkmalsträger/Mensch/Sn
   b – Bezugsgröße/Handlung/Inf, pS (zu)
3. prädikativ:
Der Student/der Lehrling/die Angestellte ist (dazu) auserkoren, an einem festlichen Empfang teilzunehmen. Der Sportler/die Zehnkämpferin ist zur Olympiateilnahme auserkoren. Du bist (dazu) auserkoren, den ersten Versuch zu wagen.
attributiv:
der zu einem besonderen Einsatz auserkorene Soldat

ausersehen (nicht komparierbar)

Die Abgeordnete (a) war (dazu) ausersehen, den Gast willkommen zu heißen (b).
1. ‚ausgewählt', ‚zu einer besonderen Aufgabe'
2. a – Merkmalsträger/Mensch/Sn
   b – Bezugsgröße/Handlung/Inf, pS (zu)
3. prädikativ:
Der Absolvent ist zu einem Spezialeinsatz ausersehen. Der Arzt ist dazu ausersehen, an einer Expedition teilzunehmen.
attributiv:
der zu besonderem Einsatz ausersehene Forscher (selten)

auserwählt (nicht komparierbar)

Der Offizier (a) ist auserwählt, die Ehrenkompanie zu kommandieren (b).
1. ‚ausgewählt', ‚zu einer besonderen Aufgabe' /geh./
2. a – Merkmalsträger/Mensch/Sn
   b – Bezugsgröße/Handlung/Inf, pS (zu)
3. prädikativ:
Der Doyen ist auserwählt, dem Staatsoberhaupt die Glückwünsche des Diplomatischen Korps zu übermitteln. Der bedächtige Hausbewohner ist zur Schlichtung unseres Streits auserwählt.
attributiv:
die zur Leitung der Untersuchungskommission auserwählte Autorität

befugt (nicht komparierbar)

Der Standesbeamte (a) ist befugt, Ehen zu schließen (b).

1. 'berechtigt', 'zu bestimmten Tätigkeiten', 'im gesellschaftlichen Auftrag'
2. a – Merkmalsträger/Mensch (Institution)/Sn
   b – Bezugsgröße/Handlung/Inf, pS (zu)
3. prädikativ:
   Der Notar/das Notariat ist befugt, Urkunden auszustellen und zu beglaubigen. Der Manager/Vorstand ist befugt, Vereinbarungen abzuschließen. Der Angestellte ist zur Entscheidung über diesen Antrag (nicht) befugt.
   attributiv:
   der zur Entscheidung/Kontrolle befugte Angestellte

berechtigt (nicht komparierbar)

Der Jugendliche (a) ist berechtigt, über seine Ersparnisse zu verfügen (b).

1. 'berechtigt', 'zu bestimmten Tätigkeiten', 'durch Gesetz oder zuständige Instanz/Person'
2. a – Merkmalsträger/Mensch/Sn
   b – Bezugsgröße/Handlung/Inf, pS (zu)
3. prädikativ:
   Der Schüler ist berechtigt, Unterrichtsmittel abzuholen. Mitglieder des Parlamentes sind berechtigt, Anträge einzubringen.
   attributiv:
   nicht üblich

bevollmächtigt (nicht komparierbar)

Der Angestellte (b) ist bevollmächtigt, Lohngelder von der Bank abzuholen (b).

1. 'beauftragt', 'spezielle Aufgaben zu erfüllen', 'institutionell'
2. a – Merkmalsträger/Mensch, Institution/Sn
   b – Bezugsgröße/Handlung/Inf, pS (zu)
3. prädikativ:
   Der Vertreter ist bevollmächtigt, Verträge zu unterzeichnen. Die Behörde ist zu dieser Maßnahme bevollmächtigt.
   attributiv:
   der bevollmächtigte Vertreter, der zur Unterschrift bevollmächtigte Beamte, der zu Verhandlungen bevollmächtigte Regierungsbeauftragte

ermächtigt (nicht komparierbar)

Der Diplomat (a) ist zu Verhandlungen mit der Regierung ermächtigt (b).

1. 'beauftragt', 'spezielle Aufgaben zu erfüllen', 'institutionell'
2. a – Merkmalsträger/Mensch, Institution/Sn
   b – Bezugsgröße/Handlung/Inf, pS (zu)
3. prädikativ:
   Der Inspektor/die Dienststelle/die Behörde ist ermächtigt, die Hygiene öffent-

licher Gebäude zu kontrollieren und Auflagen zu erteilen. Der Wirtschaftsprüfer ist zur Finanzkontrolle privater Unternehmen ermächtigt.
attributiv:
der zur Finanzkontrolle ermächtigte Wirtschaftsprüfer

Übungen

1. *gierig – begierig – neugierig – gespannt – interessiert*
   Welches Adjektiv wählen Sie?

   1) Der Künstler ist auf den Erfolg seines Auftretens ...
   2) Ich bin ..., wie er auf deine Frage reagieren wird.
   3) Bist du daran ..., an unserer Exkursion teilzunehmen?
   4) Der Hund war ganz ... auf die verlockend duftende Wurst.
   5) Das ... Kind schaute durch das Schlüsselloch.
   6) Lehrer sind am erfolgreichen Abschneiden ihrer Schüler bei Prüfungen ...
   7) Der Prüfungsausschuß ist auf die Darbietungen der Bewerber sehr ...
   8) Das junge Mädchen war ..., den jungen Mann kennenzulernen.

2. *fähig – geeignet – imstande – kundig – tauglich – vertraut – mächtig*
   Welches Adjektiv wählen Sie?

   1) Dieser Sportler ist zweifellos zu besonderen Leistungen ...
   2) Hältst du den Bewerber für den Beruf des Schiffsführers für ...?
   3) Der Bewerber soll des Englischen und des Russischen ... sein.
   4) Gesundheitlich ist der Bewerber für die Flugausbildung ...
   5) Du bist ... und plauderst unser Geheimnis aus.
   6) Bist du mit der Bedienung dieses komplizierten Geräts ...?
   7) Ich bin heute zu keiner anspruchsvollen Auseinandersetzung mehr ...
   8) Der Bergführer ist des Weges zum Hochgebirgsplateau ...
   9) Ich halte den Verdächtigen einer solchen Tat nicht für ...
   10) Wir erhoffen uns von diesem ... Sportler viele weitere Erfolge.
   11) Der Arzt schreibt, daß das Kind zum Leistungssport nicht ... ist.
   12) Der Betrunkene war seiner Sprache nicht mehr ...

3. *aufgelegt – bedacht – bemüht – bereit – entschlossen – unschlüssig*
   Welches Adjektiv wählen Sie?

   1) Ich bin heute leider zum Spaßen nicht ...
   2) Die Gesprächspartner waren ..., auf diesen Vorschlag einzugehen.
   3) Der junge Mann war ..., das Mädchen durch gewandtes Auftreten zu beeindrucken.
   4) Er ist fest ..., seine Rechte geltend zu machen.
   5) Wer nur auf seine Vorteile ... ist, der ist mir verdächtig.
   6) Viele Eltern sind für ihre Kinder zu großen Opfern ...
   7) Alle Beteiligten waren um eine gute Zusammenarbeit redlich ...

8) Der Wirt ist stets auf das Wohl seiner Gäste ...
9) In gefährlichen Situationen ist ... Handeln erfolgversprechend.
10) Der zum Tanzen nicht ... Gast zog sich in eine Saalecke zurück.
11) Die Jungen waren ..., wie sie den Verletzten zum Arzt transportieren sollten.
12) Bist du endlich ..., deine Verfehlungen zu bereuen?

4. *aufgelegt – bedacht – bemüht – bereit – beflissen – entschlossen – geneigt – gespannt – hungrig – neugierig – scharf – versessen*
Setzen Sie in folgende Wortgruppen das treffende Adjektivattribut ein!

1) der auf den Ausgang des Wettkampfes ... Zuschauer, 2) der zur Versöhnung ... Gatte, 3) der auf das schöne Mädchen ... Bursche, 4) der des Schweigens ... Mönch, 5) der zu allen Konsequenzen ... Anwalt, 6) der um neue Erkenntnisse ... Forscher, 7) der auf seinen Vorteil ... Kaufmann, 8) das auf Schokolade ... Kind, 9) ein auf seinen guten Ruf ... Pädagoge, 10) die zum Plaudern ... Nachbarin, 11) der zu einer Eingabe ... Bürger

5. *bewandert – erfahren – geschickt – gewandt – kundig – mächtig – reif – ungeeignet*
Welches Adjektiv wählen Sie?

1) der im Klettern äußerst ... Bergsteiger, 2) der im Bedienen von Robotern ... Techniker, 3) der in Geschichte sehr gut ... Schüler, 4) der in der Studienberatung von Bewerbern ... Hochschullehrer, 5) der des Weges zum Gipfel ... Führer, 6) der des Spanischen ... Übersetzer, 7) ein für den Arztberuf ... Bewerber, 8) eine im Spitzeklöppeln ... Kunstgewerblerin, 9) ein für die Berufung als Hochschullehrer ... Wissenschaftler

6. *auserwählt – ausersehen – befugt – berechtigt – bevollmächtigt – ermächtigt*
Welches Adjektiv wählen Sie?

1) Der Rekordmann war ..., seiner Mannschaft die Fahne ins Stadion voranzutragen.
2) Der Pförtner ist ..., die Ausweise der Besucher zu kontrollieren.
3) Der Diplomat ist ..., die Interessen der Bürger seines Staates im Gastland wahrzunehmen.
4) Der Sportler ist ..., sein Land bei den Weltmeisterschaften zu vertreten.
5) Der Anwalt ist ..., seinen Mandanten zu vertreten.
6) Die Gäste des Ferienheimes sind ..., die Sportgeräte kostenlos zu nutzen.
7) Du bist nicht ..., das Werksgelände zu betreten.
8) Bin ich überhaupt ..., den Direktor in dieser Angelegenheit zu vertreten?
9) Die Polizisten sind ..., Störenfriede und Betrunkene aus dem Lokal zu weisen.
10) Die Kompanie ist ..., das fremde Staatsoberhaupt auf dem Flughafen zu empfangen.

7. Ersetzen Sie in fünf ausgewählten Sätzen der Übung 6. die Infinitivgruppen durch präpositionale Wortgruppen! Dazu müssen Sie von den Verben im Infinitiv sinnentsprechende Substantive bilden und die passende Präposition aus-

wählen! Vergleichen Sie Infinitivgruppe und präpositionale Wortgruppe miteinander und entscheiden Sie von Fall zu Fall, welche syntaktische Variante kommunikativ vorteilhafter ist!

Muster zu Satz 2)
Der Pförtner ist zur Kontrolle der Ausweise der Besucher berechtigt/bevollmächtigt.

8. Bilden Sie zu einigen bei der Lösung der Aufgabe 7. entstandenen Sätzen substantivische Wortgruppen mit erweiterten Partizipial- und Adjektivattributen!

Muster zu Satz 2)
der zur Kontrolle der Ausweise der Besucher berechtigte/bevollmächtigte Pförtner

Beachten Sie, daß die dadurch bedingte syntaktische Komprimierung (Informationsverdichtung) eine auffällige Entwicklungstendenz der deutschen Gegenwartssprache ist!

Lösungen zu den Übungen

Eingeklammerte Ausdrücke sind zulässig, aber nicht optimal.

Ähnlichkeit und Verschiedenheit

Ü 1. 1) ähnlich, 2) synonyme, 3) kongruent, 4) gleichbedeutend, 5) gleichwertigen, 6) ähnlichen, 7) gleichbedeutend, 8) gleichwertiges

Ü 2. 1) verschiedene$_1$, (unterschiedliche, ungleiche) 2) entgegengesetzten (anderen), 3) anders, 4) widersprüchliche, 5) entgegengesetzt, 6) widersprüchlich, (unterschiedlich) 7) anders

Ü 3. 1) ungleiche, (unterschiedliche) 2) unterschiedlich, 3) widersprüchlich, 4) ungleichen, 5) unversöhnlich, 6) unterschiedlich, 7) widersprüchlicher, 8) unterschiedlich

Ü 4. 1) Die Begriffe *Satz* und *Äußerung* sind divergent.
2) Die Ansichten der Verhandlungspartner sind / waren konträr.
3) Das Einkommen der Beschäftigten der Firma ist unterschiedlich.
4) Ein Kind (zu) lieben und es durch Affenliebe (zu) verziehen ist zweierlei. / Es ist zweierlei, ob man ein Kind liebt oder (ob man) es durch Affenliebe verzieht.
5) Die Drillinge unseres Nachbarn sind gleichgeschlechtig.
6) Michaels Vater und sein Klassenlehrer sind gleichaltrig. / Michaels Vater ist gleichaltrig mit seinem Klassenlehrer.
7) Die Bürger dieses Staates sind gleichberechtigt.
8) Der gerettete Schiffbrüchige ist mit dem Verschollenen identisch. / Der gerettete Schiffbrüchige und der Verschollene sind identisch.
9) Der Wortlaut der Abschrift ist mit dem des Originals identisch.

Ü 5. 1) Die Begriffe *Fleiß* und *Eifer* sind nicht identisch. / *Fleiß* und *Eifer* sind keine identischen Begriffe.
2) verschiedene Bedeutung (Dauer – zeitlicher Abstand)
3) die Löwin,
4) Beides sind Raubtiere, Großkatzen.
5) in der Musterung des Felles, im Vorhandensein (Löwe) oder Fehlen einer Mähne (Tiger), im Sozialverhalten
6) *identisch* und (*ein und*) *derselbe* betreffen immer das gleiche Individuum, *gleich* und *der gleiche* beziehen sich dagegen auf einen anderen Vertreter der gleichen Art.

Ü 6. 1) die Divergenz der Begriffe *Satz* und *Äußerung*,
2) die Kontrarität der Ansichten der Verhandlungspartner,
3) die Unterschiedlichkeit des Einkommens / Unterschiede zwischen den Einkommen der Beschäftigten,
4) –,
5) die Gleichgeschlechtigkeit der Drillinge des Nachbarn,

6) die Gleichaltrigkeit von Gerhards Vater und seinem Klassenlehrer,
7) die Gleichberechtigung der Bürger,
8) die Identität des geretteten Schiffbrüchigen mit dem Verschollenen,
9) die Identität des Wortlauts der Abschrift mit dem des Originals

Abhängigkeitsbeziehungen zwischen Menschen

Ü 1.   1) gewachsen, 2) verbunden, 3) treu, 4) gleichgestellt, 5) gehorsam, 6) gewachsen, 7) treu

Ü 2.   1) schuldig, 2) abhängig, 3) unterhaltspflichtig, 4) hörig, 5) abhängig, 6) unterhaltspflichtig, 7) schuldig, 8) verpflichtet, 9) hörig

Ü 3.   1) gleichgestellt, 2) gewachsen, 3) überlegen, 4) treu, 5) ergeben, hörig, 6) gefügig, 7) unterhaltspflichtig, 8) abhängig, 9) gehorsam

Ü 4.   komparierbar: gehorsam, treu
nicht komparierbar: gewachsen
Komparation nicht üblich: verbunden, verpflichtet, unterhaltspflichtig, hörig, überlegen, schuldig, abhängig

Ü 5.   mit 3. Aktanten: überlegen, abhängig, gleichgestellt, schuldig, verpflichtet, verbunden
ohne 3. Aktanten: unterhaltspflichtig, gehorsam, gefügig, gewachsen, treu, untertan

Ü 6.   abhängig – unabhängig, gehorsam – ungehorsam, treu – untreu

Ü 7.   Gehorsam/Gehorsamkeit, Überlegenheit, Abhängigkeit, Unterhaltspflicht, Leibeigenschaft, Verpflichtung, Verbundenheit, Treue

Ü 8.   gleichstellen/stellen, wachsen, abhängen/hängen, gehorchen/hören, schulden, (sich) fügen, hören

Verwandtschaft und Bekanntschaft

Ü 1.   1) verwandt, 2) verlobt, 3) verheiratet, 4) verschwägert, 5) verwandt – verschwistert, 6) verheiratet, 7) verwandt – verschwägert, 8) verheiratet, verlobt

Ü 2.   1) befreundet, bekannt, 2) verheiratet, verlobt, 3) bekannt, 4) verwandt, 5) befreundet, 6) bekannt – befreundet, 7) verlobt, befreundet, 8) verwandt

Ü 3.   1) ledig, unverheiratet, 2) verwaist, 3) verwitwete, 4) geschieden, 5) ledig, unverheiratet, 6) verwitwet, 7) ledigen

Ü 4.   1) außerehelich, uneheliche – eheliche, 2) angeheirateter, 3) außerehelichen, unehelichen, 4) außereheliche, uneheliche – eheliche, 5) geistesverwandt, 6) angeheirateten

133

Ü 5.   a) verschwistert, versippt, blutsverwandt
       b) verwitwet, verwaist, geschieden
       c) verheiratet, befreundet, verlobt, bekannt

Ü 6.   verheiratet, verlobt, geschieden

Ü 7.   Geist – geistesverwandt, Blut – blutsverwandt, Gesinnung – gesinnungsverwandt, Wesen – wesensverwandt, Seele – seelenverwandt

Ü 8.   versippt, bekannt, verwandt, verwitwet, befreundet, verlobt, geschieden, ehelich, verheiratet

Ü 9.   verheiraten, verloben, verwaisen, befreunden, scheiden, bekennen, verwenden, ehelichen

Ü 10. Freund, Heirat, Ehe, Waise, Schwager/Schwägerin, Witwe/Witwer

Ü 11. Verlobter/Verlobte, Schwager/Schwägerin, Schwester/Geschwister, Witwer/Witwe, Waise, Freund/Freundin, Lediger/Ledige, Alleinstehender/Alleinstehende, Verwandter/Verwandte, Bekannter/Bekannte

Menschliche Verhaltensweisen

Ü 1.   1) entgegenkommend, hilfsbereit, 2) gefällig, 3) hilfsbereit, 4) großzügig, 5) behilflich, 6) entgegenkommend, hilfsbereit, 7) behilflich, 8) hilfsbereit

Ü 2.   1) hilfreich, 2) edelmütig, 3) barmherzig, 4) aufmerksam, zuvorkommend, 5) zuvorkommend, aufmerksam, 6) edelmütig, 7) hilfreich, 8) zuvorkommend

Ü 3.   1) freundlich, 2) taktvoll, rücksichtsvoll, 3) rücksichtsvoll, 4) höflich, 5) freundlich, 6) tolerant, 7) höflich, 8) rücksichtsvoll, taktvoll

Ü 4.   1) ungezogen, 2) herzlos, 3) ungefällig, 4) unbarmherzig, 5) ungezogen, 6) abweisend, 7) abweisend, 8) ungefällig, abweisend

Ü 5.   1) grob, grausam, 2) grausam, brutal, 3) brutal, 4) gehässig, bösartig, 5) bösartig, gehässig

Ü 6.   1) unaufmerksam, 2) rücksichtslos, 3) unparteiisch, 4) unfreundlich, 5) ungerecht, 6) intolerant, 7) unhöflich

Ü 7.   1) rücksichtsvoll, 2) tolerant, 3) taktvoll, 4) aufmerksam, 5) gerecht, 6) parteiisch

Ü 8.   a) parteiisch, gerecht, unparteiisch
       b) aufmerksam, gefällig, entgegenkommend, behilflich, freigebig
       c) höflich, liebenswürdig, ehrfurchtsvoll, gütig, galant

Ü 9.   a) gütig, lieb, frech, bösartig, gehässig, gemein

        b) hilfsbereit, aufmerksam, entgegenkommend, taktlos
        c) behilflich, gefällig

Ü 10. a) ungefällig, unfreundlich, unhöflich, unaufmerksam, ungerecht, unbehilflich
        b) taktvoll, rücksichtsvoll, liebevoll

Ü 11. hilfsbereit, gefällig, großzügig, freundlich, gerecht, aufmerksam, ungezogen, herzlos, frech, grausam, brutal, gemein, taktlos, boshaft, grob

Ü 12. parteiisch/unparteiisch, edelmütig, gefällig/ungefällig, tolerant/intolerant, gütig, ehrfurchtsvoll, lieb/liebevoll/lieblos

Ü 13. helfen, gefallen, aufmerken/merken, abweisen/weisen, tolerieren, entgegenkommen/kommen, fürchten, hassen, lieben

Ü 14. Liebenswürdigkeit, Aufmerksamkeit, Großzügigkeit, Freundlichkeit, Höflichkeit, Lieblosigkeit, Herzlosigkeit, Rücksichtslosigkeit, Gerechtigkeit, Boshaftigkeit, Ungezogenheit, Frechheit, Gemeinheit, Grobheit, Unverschämtheit, Hilfsbereitschaft, Takt, Rücksicht, Ehrfurcht, Edelmut, Brutalität, Toleranz

Physische und psychische Zustände der Menschen

Ü 1. 1) blaß, bleich, weiß, 2) rot, blau, 3) blaß, bleich, weiß, käsig, auch: nervös, unruhig, zapp(e)lig, 4) gelb, 5) blau, rot.

Ü 2. 1) gereizt, nervös, 2) zapp(e)lig, nervös, unruhig, 3) kribb(e)lig, nervös, unruhig, 4) kribb(e)lig, unruhig, nervös, 5) erregt.

Ü 3. 1) müde, schlapp, abgespannt, 2) erschöpft, angegriffen, zerschlagen, erschlagen, erschossen, kaputt, fertig, 3) kaputt, fertig, halbtot, 4) ausgepumpt, erschöpft, entkräftet, zerschlagen, 5) entkräftet, erschöpft.

Ü 4. 1) vom langen Laufen, Marathonlauf, Zehnkampf, 2) vor Staunen, Entsetzen, 3) von der Hitze, Schwere der Arbeit, 4) von dem Wandertag, den vielen Unterrichtsstunden, 5) vor Schreck, Angst, Furcht, 6) von der Anstrengung, Hitze, Länge der Übung, 7) vor Neugier, Unruhe, Spannung, 8) vor Unruhe, Ungeduld, 9) vor Frost, Kälte, 10) vor Anstrengung.

Ü 5. 1) kribb(e)lig, zapp(e)lig, nervös, unruhig, 2) erschöpft, zerschlagen, abgekämpft, ausgepumpt, erschlagen, erschossen, kaputt, fertig, 3) ausgepumpt, erschöpft, 4) blaß, bleich, käsig, 5) rot, blau.

Ü 6. 1) von dem Arbeitstag, 2) von der doppelten Arbeitsleistung, dem vielen Treppensteigen, 3) vor Schreck, Angst, Erstaunen, 4) vom Dauerlauf, dem stundenlangen Fahrradfahren, 5) vor Schreck, Furcht.

Wertung

Ü 1. 1) willkommen, erwünscht, 2) willkommen, 3) lieb und wert, teuer 4) genehm, angenehm, willkommen, erwünscht, gelegen, 5) lieb, teuer

Ü 2. 1) gleich, gleichgültig, egal, 2) egal, schnuppe, gleich, gleichgültig, 3) egal, schnuppe, gleich ..., 4) egal, gleich, 5) gleich, gleichgültig, egal

Ü 3. 1) überdrüssig, leid, müde, 2) müde, überdrüssig, leid, 3) zuwider, 4) müde, überdrüssig, 5) müde, leid

Ü 4. 1) *willkommen/hochwillkommen* – bezüglich eines Besuches, *teuer* – innerliches Verhältnis
2) *gleich* – normalsprachlich
egal – umg.
3) *angenehm* – wird begrüßt
gleich – ist gleichgültig
zuwider – wird abgelehnt
4) *müde* – mehr physisch
überdrüssig – mehr psychisch
5) *sympathisch* – wird begrüßt, auf Grund vorwiegend des äußeren Verhaltens
zuwider – wird abgelehnt

Vorteil / Nachteil für den Menschen

Ü 1. 1) ersprießlich, günstig, nützlich, vorteilhaft, nutzbringend, fruchtbar, fruchtbringend, 2) heilsam, gut, nützlich, nutzbringend, fruchtbar, fruchtbringend, 3) sachdienlich, nützlich, nutzbringend, 4) günstig, geeignet, annehmbar, 5) ersprießlich, gut, nützlich, vorteilhaft.

Ü 2. 1) sinnlos, zwecklos, ergebnislos, 2) nutzlos, ergebnislos, unnütz, unnötig, 3) zwecklos, sinnlos, ergebnislos, 4) wertlos, 5) sinnlos, zwecklos, unnütz, unnötig.

Ü 3. 1) schädlich, nachteilig, 2) schädlich, gefährlich, 3) ungünstig, nachteilig, 4) abträglich, 5) ungünstig, nachteilig, schlecht.

Ü 4. 1) Die Hilfe durch den Mitschüler, eine strenge Kontrolle der Hausaufgaben, 2) Zu kaltes Wasser, hoher Wellengang, 3) Eine weitere Diskussion, eine nochmalige Ermahnung, 4) Eine lange Trockenheit, Überdüngung, 5) Ein Erfahrungsaustausch, der Austausch von Fachleuten, eine ständige Zusammenarbeit, ein Leistungsvergleich.

Gefühle

Ü 1. 1) froh, glücklich, 2) begeistert, entzückt, hingerissen, überwältigt, 3) begeistert, berauscht, hingerissen, überwältigt, 4) froh, glücklich, begeistert (hingerissen ...)

Ü 2. 1) traurig, unglücklich, todunglücklich,   2) bekümmert, unglücklich,   3) traurig, unglücklich, todunglücklich,   4) bekümmert, unglücklich

Ü 3. 1) ärgerlich, verärgert, ungehalten, entrüstet, aufgebracht, wütend,   2) verärgert, ungehalten, entrüstet,   3) verärgert, wütend, zornig,   4) traurig, bestürzt

Ü 4. 1) begeistert, entzückt, überwältigt, hingerissen,   2) begeistert, hingerissen, überwältigt,   3) ungehalten, entrüstet, aufgebracht ...,   4) ärgerlich, verärgert, entrüstet, wütend, zornig

Ü 5. 1) über den von ihm verursachten Unfall; über die lange Verspätung; darüber, daß er nicht alle Wartenden befördern konnte
2) über die wiederholte Verspätung eines Arbeiters; darüber, daß er den Bau nicht termingemäß übergeben konnte
3) von der Schönheit der Landschaft; von der Betreuung im Urlaub
4) über die lange Trockenheit; über die geringen Erträge
5) über den plötzlichen Tod des Patienten; darüber, daß während der Operation Komplikationen aufgetreten waren

Erkenntniseinstellungen

Ü 1. 1) sicher, gewiß,   2) bekannt,   3) bewußt,   4) sicher,   5) gegenwärtig,   6) sicher,   7) überzeugt,   8) bekannt

Ü 2. 1) klar, verständlich,   2) begreiflichen, verständlichen,   3) einsichtig, verständlich,   4) plausible,   5) einsichtig,   6) klar, verständlich, plausibel

Ü 3. 1) unverständlichen,   2) unbegreiflichem,   3) unfaßbarer,   4) unverständlich,   5) schleierhaft, unbegreiflich, unverständlich,   6) unverständlicher, rätselhafter, schleierhafter,   7) schleierhaft, unverständlich,   8) unfaßbare

Ü 4. 1) einleuchtend, verständlich, klar,   2) verständlich,   3) sicher,   4) gewiß, sicher,   5) unverständlich,   6) unverständlich, rätselhaft, unbegreiflich, schleierhaft

Ü 5. 1) erklärlich, verständlich,   2) erklärlich, verständlich,   3) unerklärlich, rätselhaft,   4) unbekannt,   5) unverständlich

Ü 6. 1) Dein Befremden über diese Haltung ist mir verständlich.
2) Wo sich mein Freund gegenwärtig aufhält, ist mir nicht bekannt.
3) Der Vater machte dem Sohn begreiflich, daß dessen Forderung unzulässig war.
4) Die Ursachen dieses schweren Unfalls sind mir verständlich.
5) Der Lehrer ist von der Richtigkeit seiner Entscheidung überzeugt.
6) Warum/weshalb der Angeklagte so gehandelt hat, ist den Geschworenen klar.

Voraussetzungen des Menschen zum Handeln

Ü 1. 1) begierig, gierig,   2) gespannt, neugierig,   3) interessiert,   4) gierig, begierig,   5) neugierige,   6) interessiert,   7) gespannt, neugierig,   8) begierig, interessiert

Ü 2. 1) fähig, 2) geeignet, fähig, tauglich, 3) mächtig, kundig, 4) tauglich, geeignet, 5) fähig, imstande, 6) vertraut, 7) fähig, imstande, 8) kundig, 9) fähig, 10) fähigen, 11) tauglich, geeignet, 12) mächtig

Ü 3. 1) aufgelegt, 2) bereit, entschlossen, 3) bemüht, bedacht, 4) entschlossen, 5) bedacht, 6) bereit, 7) bemüht, 8) bedacht, 9) entschlossenes, 10) aufgelegte, 11) unschlüssig, 12) bereit

Ü 4. 1) gespannte, neugierige, 2) geneigte, bereite, 3) scharfe, versessene, 4) beflissene, 5) entschlossene, 6) bemühte, 7) bedachte, versessene, scharfe, 8) versessene, scharfe, 9) bedachter, 10) aufgelegte, 11) entschlossene, geneigte

Ü 5. 1) gewandte, geschickte, 2) erfahrene, geschickte, gewandte, 3) bewanderte, kundige, 4) erfahrene, geschickte, gewandte, 5) kundige, 6) mächtige, kundige, 7) ungeeigneter, 8) gewandte, erfahrene, geschickte, 9) reifer, ungeeigneter

Ü 6. 1) ausersehen, auserwählt, 2) berechtigt, befugt, bevollmächtigt, 3) bevollmächtigt, ermächtigt, 4) ausersehen, auserwählt, 5) ermächtigt, bevollmächtigt, 6) berechtigt, befugt, 7) befugt, berechtigt, 8) befugt, bevollmächtigt, berechtigt, 9) befugt, berechtigt, bevollmächtigt, 10) ausersehen

Ü 7. 1) Der Rekordmann war zum Tragen der Mannschaftsfahne ausersehen.
3) Der Diplomat ist zur Wahrnehmung der Interessen der Bürger seines Staates im Gastlande ermächtigt.
4) Der Sportler ist zur Vertretung seines Landes bei den Weltmeisterschaften ausersehen.
5) Der Anwalt ist zur Vertretung seines Mandanten bevollmächtigt / ermächtigt.
6) Die Gäste des Ferienheimes sind zur kostenlosen Nutzung von Sportgeräten berechtigt / befugt.
7) Du bist zum Betreten des Werksgeländes nicht berechtigt.
8) Bin ich überhaupt zur Vertretung des Direktors in dieser Angelegenheit befugt?
9) Die Polizisten sind zum Verweisen von Störenfrieden und Betrunkenen aus dem Lokal bevollmächtigt.
10) Diese Kompanie ist zum Empfang des fremden Staatsoberhaupts ausersehen.

Die nominale Ausdrucksvariante (präpositionale Wortgruppe) ist ein Mittel der Informationsverdichtung und Sprachökonomie. Sie ist allerdings wegen des Mangels treffender Verbalsubstantive ungünstig in den Sätzen 1), 9) und wegen der Häufung von Genitivattributen in den Sätzen 2) und 3).

Ü 8. 1) der zum Tragen der Mannschaftsfahne ausersehene Rekordmann, 3) der zur Wahrnehmung der Interessen der Bürger seines Staates im Gastlande ermächtigte Diplomat, 4) der zur Vertretung seines Landes bei den Weltmeisterschaften ausersehene Sportler, 5) der zur Vertretung seines Mandanten bevollmächtigte Anwalt, 6) die zur kostenlosen Nutzung von Sportgeräten berechtigten Gäste des Ferienheimes, 8) die zur Vertretung des Direktors in dieser Angelegenheit befugte Person, 9) die zum Verweisen von Störenfrieden und Betrunkenen bevollmächtigten Polizisten, 10) die zum Empfang des fremden Staatsoberhauptes ausersehene Kompanie

Register

A

abgekämpft 62
abgeneigt 120
abhängig 24
abträglich 80
abweisend 41
ähnlich 14
alleinstehend 32
analog 14
angegriffen 62
angeheiratet 32
angenehm 73
annehmbar 80
antagonistisch 21
antithetisch 21
antonymisch 21
ärgerlich 91
aufgebracht 91
aufgelegt 120
aufgeregt 63
aufmerksam 42
aufnahmebereit 121
aus (sein auf) 121
auserkoren 129
ausersehen 129
auserwählt 129
ausgepumpt 63
außerehelich 32
außerstande 111

B

barmherzig 42
bedacht 121
befähigt 112
beflissen 121
befreundet 33
befugt 129
begeistert 91
begierig 122
begreiflich 101
behilflich 42

bekannt$_1$ 33
bekannt$_2$ 102
bekümmert 92
bemüht 122
berauscht 92
berechtigt 130
bereit 122
berufen 112
beschlagen 112
besessen 123
bestrebt 123
bestürzt 92
betroffen 93
betrübt 93
bevollmächtigt 130
bewandert 113
bewegt 93
bewußt$_1$ 102
bewußt$_2$ 102
blaß 63
blau 64
bleich 64
blutsverwandt 33
bösartig 43
böse$_1$ 43
böse$_2$ 43
boshaft 44
brutal 44

D

deckungsgleich 15
dienlich 81
divergent 15
durstig 123

E

edelmütig 44
egal 73
ehelich 34
ehrfurchtsvoll 44

einerlei 74
eingefuchst 113
eingeschnappt 94
einleuchtend 103
einsichtig 103
entbehrlich 81
entgegengesetzt 15
entgegenkommend 45
entkräftet 64
entrüstet 94
entschlossen 124
entzückt 94
erfahren 113
ergeben 24
ergebnislos 81
ergriffen 95
erinnerlich 103
ermächtigt 130
ermattet 64
erpicht 124
erregt 65
erschlagen 65
erschöpft 65
erschossen 66
ersprießlich 81
erwünscht 74

F

fähig 114
fahl 66
fertig 66
firm 114
förderlich 82
frech 45
freigebig 45
freigiebig 46
freundlich 46
froh 95
fruchtbar 82
fruchtbringend 82
fruchtlos 83

G

galant 46
gedeihlich 83
geeignet 83, 114
gefährlich 83
gefällig 46
gefügig 24

gegensätzlich 16
gegenwärtig 104
gehässig 47
gehorsam 25
geistesverwandt 34
geizig 47
geläufig 104
gelb 66
gelegen 74
gemein 47
genehm 75
geneigt 124
gerecht 48
gereizt 67
gerührt 95
geschickt 115
geschieden 34
gesonnen 124
gespannt 125
geübt 115
gewachsen 25
gewandt 115
gewillt 125
gewiß 104
gewöhnt 115
gierig 125
gleich$_1$ 16
gleich$_2$ 75
gleichaltrig 16
gleichartig 16
gleichbedeutend 16
gleichberechtigt 16
gleichfarbig 16
gleichgelagert 16
gleichgeschlechtig 16
gleichgesinnt 16, 34
gleichgestellt 25
gleichgültig 75
gleichlautend 16
gleichnamig 16
gleichrangig 16
gleichwertig 16
glücklich 96
grausam 48
grob 48
großzügig 49
günstig 84
gut 84
gütig 49

H

halbtot 67
häßlich 49
heilsam 84
herzlos 50
hilfsbereit 50
hilfreich 50
hingerissen 96
höflich 51
hörig 26
hungrig 125

I

identisch 16
imstande 116
inkongruent 21
interessiert 126
intolerant 51

K

kaputt 67
käsig 68
klar 105
kleinlich 51
komplementär 21
kongruent 17
konträr 17
kribb(e)lig 68
kundig 116

L

ledig 35
leibeigen 26
leid 76
lieb$_1$ 51
lieb$_2$ 76
liebenswürdig 52
liebevoll 52
lieblos 52
lüstern 126

M

mächtig 117

müde$_1$ 68
müde$_2$ 76

N

nachteilig 84
nervös 68
nett 53
neugierig 126
nutzbringend 85
nützlich 85
nutzlos 85

P

parteilich 53
plausibel 105
polar 17

R

rasend 96
rätselhaft 105
recht 77
reif 117
rot 69
rücksichtslos 53
rücksichtsvoll 53
ruppig 54

S

sachdienlich 86
sattelfest 117
schädlich 86
scharf 127
schlecht 86
schleierhaft 106
schnuppe 77
schuldig 26
seelenverwandt 35
sicher 106
sinnlos 86
starr 69
steif 69
stocksteif 70
stumm 70
synonym 18

T

taktlos 54
taktvoll 54
tauglich 118
teuer 77
tolerant 55
traurig 97
treu 27

U

überdrüssig 77
überflüssig 87
überlegen 27
überwältigt 97
überzeugt 106
unaufmerksam 55
unbarmherzig 55
unbegreiflich 107
unbekannt 107
unehelich 35
unerfahren 118
unerfindlich 108
unerklärlich 108
unfähig 118
unfaßbar 107
unfreundlich 56
ungeeignet 118
ungefällig 56
ungehalten 97
ungerecht 56
ungewohnt 119
ungezogen 57
ungleich 18
unglücklich 98
ungünstig 87
unhöflich 57
unkundig 119
unnötig 87
unnütz 87
unparteiisch 57
unruhig 70
unschlüssig 127
untauglich 119
unterhaltspflichtig 28
unterlegen 28
unterschiedlich 18
untertan 28
unverschämt 57
unversöhnlich 19
unverständlich 108
unzuträglich 88

V

verärgert 88
verbunden 29
vereinbar 19
verheiratet 35
verlobt 36
verpflichtet 29
verrückt 127
verschieden$_1$ 19
verschieden$_2$ 20
verschnupft 99
verschwägert 36
verschwistert 36
versessen 128
versiert 120
verständlich 108
verwaist 37
verwandt 37
verwitwet 38
vorteilhaft 88

W

weiß 70
wertlos 88
wesensverwandt 38
widersprüchlich 20
wild 128
willens 128
willig 128
willkommen 78
wütend 99

Z

zapp(e)lig 71
zerschlagen 71
zornig 99
zuvorkommend 58
zuwider 78
zwecklos 88
zweierlei 21

Literaturverzeichnis

1. Wörterbücher

AGRICOLA, CH./AGRICOLA, E. 1991. Wörter und Gegenwörter. Antonyme der deutschen Sprache. Leipzig.
DER SPRACHBROCKHAUS. 1981. Deutsches Bildwörterbuch. Wiesbaden.
DORNSEIFF, F. 1965. Der deutsche Wortschatz nach Sachgruppen. Berlin.
DTV-WÖRTERBUCH DER DEUTSCHEN SPRACHE. 1981. Hrsg. von G. WAHRIG in Zusammenarbeit mit zahlreichen Wissenschaftlern und anderen Fachleuten. München.
KIEFT, P. o. J. Deutsche Synonyme. Ein Nachschlagebuch für angehende Deutschlehrer. Zutphen.
MELDAU, R. 1978. Sinnverwandte Wörter und Wortfelder der deutschen Sprache. Ein Handbuch für den Deutschunterricht mit einer Einführung von W. KLUGE. Paderborn.
SCHÜLERDUDEN. 1977. Die richtige Wortwahl. Ein vergleichendes Wörterbuch sinnverwandter Ausdrücke. Bearbeitet von W. MÜLLER. Mannheim/Wien/Zürich.
SOMMERFELDT, K.-E./SCHREIBER, H. 1983. Wörterbuch zur Valenz und Distribution deutscher Adjektive. Leipzig.
SYNONYMWÖRTERBUCH. 1989. Sinnverwandte Ausdrücke der deutschen Sprache. Hrsg. von H. GÖRNER und G. KEMPCKE. Leipzig.
VERBEN IN FELDERN. 1986. Hrsg. von H. SCHUMACHER. Berlin(W), New York.
WAHRIG, G. 1980. Deutsches Wörterbuch. Mit einem „Lexikon der deutschen Sprachlehre". Mosaik Verlag o. O.
WEHRLE, H.; EGGERS, H. 1968. Deutscher Wortschatz. Ein Wegweiser zum treffenden Ausdruck. 2 Teile. Frankfurt (Main).
WÖRTERBUCH DER DEUTSCHEN GEGENWARTSSPRACHE. 1966–1977. Hrsg. von R. KLAPPENBACH und W. STEINITZ. Berlin.
WÖRTER UND WENDUNGEN. 1988. Wörterbuch zum deutschen Sprachgebrauch. Hrsg. von E. AGRICOLA unter Mitwirkung von H. GÖRNER und R. KÜFNER. Leipzig.

2. Abhandlungen

AGRICOLA, E. (Hrsg.) 1987. Studien zu einem Komplexwörterbuch der lexikalischen Mikro-, Medio- und Makrostrukturen. LS/ZISW/A 169 I/II. Berlin.
DEUTSCHE SPRACHE. 1983. Kleine Enzyklopädie. Leipzig.
GANSEL, Ch. 1986. Die Semhierarchie und ihre Rolle bei der feldmäßigen Gliederung deutscher Adjektive. In: Beiträge zu einer funktional-semantischen Sprachbetrachtung. Hrsg. von K.-E. SOMMERFELDT und W. SPIEWOK. Leipzig, S. 120–131.
GRUNDZÜGE EINER DEUTSCHEN GRAMMATIK. 1984. Von einem Autorenkollektiv unter Leitung von K. E. HEIDOLPH, W. FLÄMIG und W. MOTSCH. Berlin.
HELBIG, G. 1983. Valenz und Lexikographie. In: Deutsch als Fremdsprache. Leipzig. 20. Jg., S. 137–143.
HOFFMANN, J. 1986. Die Welt der Begriffe. Berlin.

Hundsnurscher, F./Splett, J. 1982. Semantik der Adjektive des Deutschen. Analyse der semantischen Relationen. Opladen.
Keiler, I. 1986. Zum Anteil der Suffixsemantik an der Semantik der passiven Adjektive. In: Beiträge zu einer funktional-semantischen Sprachbetrachtung. Hrsg. von K.-E. Sommerfeldt und W. Spiewok. Leipzig, S. 132–139.
Sandau, H. 1981. Semantik und Valenz zweiwertiger deutscher Adjektive. In: Semantik, Valenz und Sprachkonfrontation des Russischen mit dem Deutschen. Hrsg. von W. Mühlner und K.-E. Sommerfeldt. Leipzig, S. 61–77.
Schippan, Th. 1987. Lexikologie der deutschen Gegenwartssprache. Leipzig.
Schreiber, H./Sommerfeldt, K.-E./Starke, G. 1987. Deutsche Wortfelder für den Sprachunterricht. Verbgruppen. Leipzig.
Sommerfeldt, K.-E.: 1988. Zur Wortartklassifikation des Deutschen – Untersuchungen zur Wortartzugehörigkeit partizipialer Bildungen. In: Zeitschrift für Phonetik, Sprachwissenschaft und Kommunikationsforschung. 41. Jg. Berlin, S. 221–229.
Sommerfeldt, K.-E. 1989. Die lexikalische Bedeutung von Adjektiven – entscheidende Grundlage für Satzsemantik und Satztyp. In: Zum Verhältnis von Lexik und Grammatik. Hrsg. von K.-E. Sommerfeldt und W. Spiewok. Leipzig.
Sommerfeldt, K.-E./Starke, G. (Hrsg.) 1984. Grammatisch-semantische Felder der deutschen Sprache der Gegenwart. Leipzig.
Starke, G. 1988. Prädikative Adjektive mit Ergänzungssätzen und Infinitivgruppen. In: Deutsch als Fremdsprache. 25. Jg. Leipzig, S. 21–27.
Viehweger, D. (Hrsg.) 1977. Probleme der semantischen Analyse. Studia grammatica XV. Berlin.
Viehweger, D. 1987. Wortschatzdarstellung im semantischen Wörterbuch. In: brücken. Germanistisches Jahrbuch DDR – ČSSR 1986/1987. Praha, S. 209–222.
Voigt, B. 1987. Überlegungen zu Lexikoneintragungen für Adjektive. In: Schriften der Pädagogischen Hochschule „Liselotte Herrmann" Güstrow. Güstrow, S. 68–86.